중국어 '的'와 '的'자 구조 연구

说"的"和"的"字结构

说"的"和"的"字结构 by 完权

ISBN : 978-7-5486-1326-8©学林出版社2017

本书韩文版专有出版销售权由上海世纪出版股份有限公司学林出版社授予亦乐出版社，

仅限在大韩民国境内销售。

未经上海世纪出版股份有限公司学林出版社和亦乐出版社许可，

不得以任何手段和形式复制或抄袭本书内容。

중국어 '的'와 '的'자 구조 연구 by 완취안

ISBN : 978-7-5486-1326-8©학림출판사 2017

이 책의 한국어판 저작권은 상하이세기출판주식유한공사 학림출판사와 직접 계약으로

역락출판사가 소유합니다.

판매는 대한민국 내로 제한하며，

상하이세기출판주식유한공사 학림출판사와 역락출판사의 승인 없이 어떤 수단과 형태로든

이 책의 내용에 대한 무단 복제 및 표절을 금합니다.

중국어 언어학 쟁점 연구총서

선자쉬안 沈家煊 주편

중국어 '的'와 '的'자 구조 연구

说"的"和"的"字结构

완취안 完权 지음 · 이선희 李善熙 옮김

역락

┃일러두기

1. 모든 번역문은 가급적 우리말을 사용하는 것을 원칙으로 하였으나, 우리말만으로는 의미 전달이 분명하지 않는 경우에는 그 뒤에 한자를 작은 크기로 병기하였다.

2. 원서에 있는 주석은 저자주로 표시하였으며, 독자의 이해를 돕기 위해 역자가 추가한 주석은 역자주로 표시하여 구분하였다. 역자주는 학술용어에 대한 해설, 일부 핵심 논지에 대한 설명, 중요 학자 소개 세 가지 내용이 주를 이룬다.

3. 이 번역서의 중국어는 모두 간체자를 사용하여 표기하였는데, 이는 본서의 독자 대부분이 번체자로 된 중국어 활자보다 간체자로 된 활자를 접한 경험이 더 많을 것이라는 점을 감안한 것이다.

4. 일부 생소한 중국어 용어 및 표현의 경우, 우리말로 번역한 뒤 괄호 속에 중국어 원어 및 영어를 덧붙임으로써 독자의 이해를 돕고자 하였다.

5. 중국어 인명이나 지명의 경우, 현대중국어가 확립되기 이전의 인물이나 지명은 한자음을 우리말로, 그 이후는 중국어 발음을 우리말로 표기하였다.

6. 본문의 서술 부분에 포함된 인명, 서명은 우리말로 번역하였으나, 서술이나 인용문에서 출처로 표시한 인명과 서명은 따로 번역하지 않았다.

7. 이 책 속에 사용된 부호 가운데 일부는 설명이 필요하다고 생각되어 아래와 같이 밝힌다.

『 』 책이름을 표기할 때

「 」 논문명, 책 안의 편명 또는 작품 이름을 표기할 때

' ' 중요한 의미를 지닌 어구나 용어를 강조할 때

이 총서를 출간하게 된 동기는 다음과 같은 생각에서 나왔다. 언어학 영역에서 우리는 오랫동안 외국(주로 서양)에서 들여온 이론과 방법을 끊임없이 학습하고 참고하면서 효과를 보기도 하였다. 특히 일부 영역에서는 두드러진 효과도 있었다. 그러나 총체적으로 말하면, 외국의 이론을 중국어에 운용하는 것은 옷깃을 여미니 팔꿈치가 나오거나 둥근 구멍에 모난 기둥을 박는 것 같은 모순을 피할 수가 없으니, 아무래도 억지스럽고 부자연스럽다. 치궁(啓功) 선생님은 이를 고리 던지기 게임에 비유한 바 있다. 아이들의 고리 던지기 게임에서 작은 고리는 작은 쥐만 잡을 수 있는데, 인도·유럽어 '문법(grammar)'은 작은 고리여서 중국어라는 큰 판다를 잡을 수는 없다. 이러한 느낌은 논쟁이 있는 몇몇 핫 이슈에서 더욱 두드러지게 나타난다. 그리고 한때 핫 이슈였던 것들, 예를 들면 품사 문제, 단문·복문 문제 등도 한동안 논쟁의 열기는 식었지만 문제점들이 결코 해결된 것은 아니어서 아직도 가끔씩 튀어나와 우리들을 곤혹스럽게 한다. 또한 새로이 나타난 외국의 이론을 중국어에 적용하면서 또 다른 새로운 논쟁거리를 자아내는 경우도 있다. 문장성분의 위치 이동 문제, 음보(音步)와 운율의 문제 등이 그 예이다. 이러한 문제들이 새로운 논쟁거리가 되는 까닭은 역시 새로이 가져와 중국어에 적용한 이론이 매끄럽게 통하지 않고 조화가 되지 않는 부분이 많기 때문이다. 그 밖에 주어와 목적어 문제와 같은 일부 문제는 일찍이 논쟁거리가 되었으나 뒷날 문제가 기본적으로 해결되어 공통된 인식을 얻기도 하였다. 하지만 주어와 화제처럼 새롭게 나타나 계속하여 논쟁이 끊이지 않는 문제들도 있다. 주목할 만한 것은 주어, 목적어 문제가 기본적으로 해결되어 공통된 인식에 이른 것이 바로 인도·유럽어의 주어, 목적어 관념에서 벗어났기 때문이라는 것이다.

　외국의 이론은 끊임없이 새로워지고 있고, 새로운 이론이 나올 때마다 우리는 쫓아가기 바쁘다. 하지만 남들은 이미 새롭게 변화하여 원래의 이론 틀을 버린다고 밝혔는데도, 우리는 여전히 그들의 낡은 틀에 따라 생각하고 행동하며 갈팡질팡 한다는 느낌이 들 때도 있다. 이에 많은 사람들은 이러한 상태를 지속하는 것이 능사가 아니라고 느끼면서 현재의 상황을 바꾸어야 한다고 생각하였다. 하지만 또 언어의 '보편성'을 중시하고, 이를 드러낸다는 이유로 현재 상황을 그대로 유지하려고 하는 사람들 또한 적지 않다. 그런데 그들이 말하는 '보편성'이란 사실 남들이 제기한 이론을 기준으로 한 것이어서 중국어의 특수성은 오히려 홀시되거나 간과되었다.

　보편성도 특수성 속에 존재한다. 언어의 특수성이 없는데 언어의 보편성이 어디서 오겠는가? 근래에 국제 언어학계에서는 인류 언어의 본질을 분명하게 알기 위해서는, 먼저 언어의 다양성을 충분히 이해해야 한다는 인식이 점차 형성되고 있다. 나의 친구 주샤오눙(朱晓农)은 보편성을 뜻하는 영어의 universals는 중국어로 번역할 때, 발음과 의미를 함께 살린 '요우니워스(有你我式)'라는 말로 번역해야 한다고 주장하였다. 이는 너만 있고 나는 없는

것이 아니라 너 속에 내가 있고, 내 속에 네가 있다는 의미를 나타낸다. 나
는 여기에 십분 동의한다. 내가 알기로 많은 외국의 학자들도 우리가 단지
그들을 따라가기만을 바라지 않고, 그들을 일깨울 수 있는 중국어의 언어 사
실에 근거한 새로운 견해와 목소리를 듣고 싶어 한다.

　100여 년 동안 서양 학문이 점차 동쪽으로 밀려들어 왔고, 언어학 영역에
서도 서양을 배우고 이를 거울로 삼고자 하는 노력이 줄곧 끊이지 않았다.
하지만 다른 한편에서는 인도·유럽어의 전통 관념의 속박에서 벗어나고자
하는 노력 또한 줄곧 멈추지 않았다. 우리의 선배들은 일찌감치 후학들이 나
아갈 방향을 확실하게 제시해 주었고, 한발 더 나아가 인도·유럽어의 전통
관념의 속박에서 벗어나려고 노력하였다. 바로 주더시(朱德熙) 선생님께서 생
전에 말씀하신 것처럼 대부분의 논쟁거리는 이러한 관념의 영향으로 인해
먼저 들어온 이론을 위주로 하였으므로 중국어 문법 본연의 모습을 제대로
보지 못함으로써 야기된 것들이다. 만약 우리가 이러한 교란에서 벗어나 소
박한 안목으로 중국어를 보았다면, 많은 문제들은 애당초 발생할 리가 없었
을 것이다. 또 주더시 선생님은 훗날 사람들이 지금을 보는 것이 지금 사람
들이 과거를 보는 것과 마찬가지라고 하였다. 즉, 오늘날에 사람들이 부지불
식간에 전통 관념의 지배를 받고 있는 것은 훗날 사람들이 바로잡기를 기다
려야 한다는 것이다. 주더시 선생님께서 우리에게 남기신 학술 유산 중에 중
요한 관점 하나는, 동사가 주어나 목적어가 될 때 인도·유럽어와 같은 '명
사화'가 없다고 한 것이다. 이것은 전통 관념의 교란을 벗어난 하나의 실천
으로 우리에게 모범이 되었다.

　뤼수샹(呂叔湘) 선생님의 견해도 주더시 선생님과 일치한다. 그는 만년에
문법 연구를 함에 있어 고정관념들을 '크게 타파해야 한다(大破特破)'라고 호

소하였다. 또 '단어', '동사', '형용사', '주어', '목적어' 등의 명칭은 잠시 제
쳐두고, 이전에는 감히 한번 건드려 보지도 못했던 조목 하나하나에 과감하
게 도전하고자 하였다.

　뤼수샹 선생님과 주더시 선생님께서 말씀하신 것은 문법 연구에 대한 것
이지만, 우리에게 가리켜준 방향은 중국어 연구 전반에 걸쳐 적용된다. 중국
어 문법은 '대문법(大语法)', 즉 언어를 구성하고 운용하는 방법이다. 여기에
는 음성과 의미, 용법이 모두 포함된다. 과거에 '소문법(小语法)'에 근거하여
중국어의 문법을 이해한 것 자체가 바로 인도·유럽어 전통 관념의 영향을
받은 것이다.

　이 총서를 기획하게 된 출발점은 바로 '교란에서 벗어나서 크게 타파해야
한다(摆脱干扰, 大破特破)'는 두 선생님의 호소에 대한 호응이다. 근래에 들어서
이 부분의 노력이 두드러지게 나타나 약간의 새로운 진전이 있었다. 이제 이
에 대해 부분적으로 결론을 맺고, 사고의 맥락을 조리 있게 정리하면서 방향
을 명확하게 한 후, 다시 계속해서 앞으로 나아갈 필요가 있다. 따라서 이
총서는 '타파와 수립 총서(破立丛书)'라 불러도 좋다. 매 책마다 하나의 구체
적인 쟁점에 대해 먼저 선행 연구를 정리, 평가, 분석하면서 전통 관념을 타
파하고 이의 교란에서 벗어나야 하는 필요성을 피력한 후, 새로운 관점을 제
시하고 논증을 진행하였다. 이렇게 구성한 이유는 독자들이 문제의 내력과
쟁점을 분명하게 이해함으로써 사고를 유연하게 하여 고정관념을 줄이기 위
한 목적 때문이었다. 이러한 구상은 다행히 쉐린출판사(学林出版社)의 지지를
얻어 실현될 수 있었다. '타파를 최우선으로 삼고, 그 속에서 건립한다(破字当
头, 立在其中)'라고 말은 하지만, 진정으로 건립하는 것은 결코 간단하고 쉬운
일이 아니어서 어렵고 고달픈 작업이 남아있다. 지금 책 속에서 열거된 새로

운 관점과 생각들은 아직 보완하고 개선해야 할 필요가 많이 있고, 심지어 수정하거나 교체해야 할 가능성도 있다.

이 총서를 기획한 또 하나의 출발점은 바로 집필 방법이다. 총서에서 서술하려는 내용들은 난해한 학술적 문제이지만, 이해하기 쉽게 통속적으로 쓰고자 하였다. 그래서 이해하기 어려운 명칭과 전문용어는 가급적 배제하고 편폭도 약간 짧게 하여, 한 책자가 하나의 문제만을 다루도록 하였다. 그리하여 일반 독자들이 심오하고 복잡하게 느끼지 않도록 함으로써 핵심내용을 터득하지 못한 채 보기만 해도 두려움이 생기는 것을 피하였다. 물론, 이러한 점들을 실행에 옮기는 것은 결코 쉬운 일이 아니어서 지금의 모습도 여전히 개선의 여지가 많다.

아무쪼록 이 총서가 전문적으로 언어 연구에 종사하는 사람들과 언어학 분야의 전문가 혹은 갓 입문한 독자, 외국어와 모국어를 포함한 언어를 교육하는 많은 교사들에게 일깨움과 도움을 줄 수 있기를 바란다. 또 언어 문제에 관심이 있는 일반인과 언어 프로그램, 정보처리, 언어심리, 언어철학, 사회언어학 등 분야의 독자들도 이 총서를 통해 지식과 깨달음을 얻게 되기를 기원한다.

2017년 12월 12일

목
차

현대 중국어에서 '的'는 사용 빈도가 가장 높고 용법이 대단히 많은 까다로운 허사이다. 그래서 중국어 학습자가 '的'의 용법을 파악하기란 쉽지가 않다. 이에 중국어 문법을 전문적으로 연구하는 학자들은 '的'와 '的'자 구조의 난제를 조목조목 설명하는 것에 대해 상당한 흥미를 느끼기도 한다. 『说"的"和"的"字结构(중국어 '的'와 '的'자 구조 연구)』는 바로 이들을 위해 쓴 입문서 성격의 연구서이다.

주지하듯이 모든 언어는 수식 관계를 표현하는 수단을 가지고 있는데, 중국어의 '的'는 상대적으로 특별하다. 먼저, 사용 범위가 매우 광범위하다. 일부 학자들은 '的'를 '범관형어 표지(泛定语标记)'로 본다. 즉, '的'는 명사 관형어, 동사 관형어, 형용사 관형어, 관계절 관형어, 동위어절 관형어와 같이 명사 앞에 놓이는 각종 관형어의 뒤에 폭넓게 쓰여, 종속관계, 속성수식, 제한수식, 묘사수식, 처소관계 등을 나타내는 데 사용된다는 것이다. 더욱 중요한 것은, '的'는 그 범위가 관형어 표지에만 한정되지 않아 부사어 표지일 수도 있고, 구 뒤에 쓰일 수도 있으며, 심지어 문장 끝에도 사용될 수 있다.

요컨대 '的'는 중국어에서 가장 일반적으로 사용되며 통사 분포가 가장 넓은 허사이며, 기능이 가장 많은 허사이자 중국어 문법 체계에 가장 깊은 영향을 미치는 허사이다. 또 '的'는 여러 언어를 통해 볼 때 어순 유형이 가장 특수한 허사이며, 그렇기 때문에 학자들 사이에서 가장 논쟁이 많은 허사이기도 하다.

바로 이처럼 복잡하기 때문에 '的'자는 한국어에 하나 이상의 대응어(对应词)가 있다. '我的书(나의 책)'와 같이 소유격 조사인 '의'에 해당하는 것도 있고, '好看的东西(보기 좋은 물건)'과 같이 관형어 어미에 해당하는 것도 있으며, 또 '他爱吃辣的(그는 매운 것을 잘 먹는다)'와 같이 '것'자 구조에 해당하는 것도 있다.

더 복잡한 것은 '他看的是我的(그가 보고 있는 것은 나의 것이다)'와 같이 '的'자 구조에서 '것'에 해당하면서 그 앞에 각종 관형어 어미나 소유격조사와 결합하는 경우도 있다는 것이다. 심지어는 또 '他的篮球打得好(그는 농구를 잘한다)', '吃他的亏(그에게 손해를 보다)', '今天你的主席(오늘은 네가 의장이다)' 등등과 같이 더욱 더 복잡한 경우도 있다.

이러한 문제는 한국 학생들이 중국어를 학습하는 데 어려움을 가져다주었고, 언어학자들에게는 언어 유형론적인 보편성과 특수성에 대한 깊은 고민을 불러 일으켰다.

이 책은 10여 개의 주제로 나누어 중국어 문법 연구사에서 그동안 '的'에 대해 진행된 갖가지 관점을 정리, 분석하였다. 이 한국어 번역본이 모쪼록 한국의 중국어 학습자들이 이 가운데 주요 문제를 이해하는 데 도움이 되기를 바란다. 아울러 한국의 언어학자들이 함께 관련 문제에 대한 연구에 뛰어들기를 바란다. 이 책이 '的'와 '的'자 구조의 한·중 비교연구에 시사하는 바가 있다면 필자에게 커다란 기쁨이자 위안이 될 것이다.

이 책을 한국어로 번역한 한국 계명대학교의 이선희 교수님께 감사드린다. 아울러 이교수님의 요청으로 이 책이 한국의 독자들과 만날 수 있게 된 것을 진심으로 기쁘게 생각한다. 이 조그마한 책이 한국의 중국어 학습자, 중국어 교사, 언어 연구자에게 조금이나마 도움이 되기를 진심으로 바란다.

이선희 교수님은 필자와 함께 선쟈쉬안(沈家煊) 교수님의 문하에서 수학하였으며, 이 책의 학술적 관점에 대해 매우 정확하게 이해하고 있다. 또한 여러 해 동안 다양한 중국어 문법 연구서의 한국어 번역 작업을 진행한 경험을 가지고 있다.

한국의 독자들께서 저에게 많은 피드백을 주시기를 바라며, 아울러 함께 한중 문화 교류 사업을 나날이 발전시켜 나가게 되기를 기원한다.

2023년 6월

역자 머리말

/

이선희(李善熙)

본 번역서는 중국사회과학원 언어연구소 완취안(完权) 연구원(교수)의 『说 "的"和"的"字结构』(学林出版社, 2018)를 우리말로 옮긴 것이다. 본 번역서의 원서는 중국사회과학원 언어연구소 소장, 중국언어학회 회장 등을 역임한 저명한 언어학자 선쟈쉬안(沈家煊) 교수가 인도·유럽어적 시각에서 탈피하여 중국 언어학의 핵심및 쟁점이 되는 문제를 중국어 사실에 입각하여 새로이 조명하고자 주편(主编)한 <"135" 중국 국가 중점 도서 중의 중국어 언어학 쟁점 연구총서("十三五"国家重点图书语言学热点问题研究丛书)> 가운데 하나로 저술된 연구서이다.

완취안 교수는 난징(南京大学)대학교에서 석사학위를 받고, 중국사회과학원 대학원 언어학과에서 선쟈쉬안 교수 지도하에 《"的"的性质与功能("的"의 성질과 기능)》으로 박사학위를 취득하였다. 2010년부터 중국사회과학원 언어연구소 통사의미연구실(中国社会科学院语言研究所句法语义研究室)에서 연구에 매진하고 있다. 완 교수의 박사논문은 그 학술적 가치를 인정받아 2012년 중국 최고 수준의 출판사인 상무인서관(商务印书馆语)의 언어학연구출판기금 도서에 선정되어 출판됨과 아울러 2013년에는 중국 국가사회과학기금 지원 학술도서로도 선정되었다. 그는 현재 인지기능학파의 관점을 이론적 기반하고, 언어유형학, 역사언어학 및 형식통사 등의 방법을 참조하여, 중국어 품사 유형의 중국어 문장 형식과의 관계, 담화법의 문법화, 언어의 상호작용, 관형어 조사에 대한 언어 간 비교 등에 관심을 가지고 연구를 진행하고 있다.

『说"的"和"的"字结构』는 중국어 '的'자와 '的'자 구조의 통사 의미 연구사를 체계적으로 서술하면서 저자의 종합적 관점을 제시한 연구서로 평가받고 있어 그 학술적 가치가 매우 높다.

'的'자와 '的'자 구조는 현대 중국어에서 가장 흔하게 사용되며 그것이 차지하는 위치 또한 매우 중요하다. "『현대 중국어상용어휘 빈도 사전(现代汉语常用词词频词典)』의 통계에 따르면, '的'의 빈도는 무려 6.53%에 달한다"는 사실에 대한 저자의 지적만 두고 보더라도 '的'는 가히 중국어 '허사'의 제왕이라 할 수 있다. '的'에 대한 이해 없이는 현대 중국어를 학습하고 연구할 수 없으며, 이에 대한 연구를 하다보면 중국어 문법 체계의 영혼을 만나게 되기도 한다는 저자의 말은 강한 설득력을 지닌다.

중국어 언어학 쟁점 연구총서 가운데 또 한권의 번역 작업이 마무리되었다. 꼽아 보니 이번이 네 번째이다. 역자는 이십여 년 전 선쟈쉬안 선생님의 문하에서 저자인 완취안 교수와 동문수학 하면서 교류하였는데, 지금 그의 연구저작을 번역하고 나니 감회가 더욱 새롭다. 평소에도 가끔 연락을 주고받곤 하였지만 특히 이 책을 번역하면서 많은 통신을 한 것 같다. 의문점에 관해 수시로 질문을 던지면 언제든 신속하고 상세하게 위챗으로 회신을 해주었다. 너무나 감사하다.

아무쪼록 본 번역서가 국내 중국어 학습자와 연구자가 '的'자와 '的'자 구조를 이해하고, 나아가 이를 통해 중국어를 이해하는 데 조금이나마 보탬이 되었으면 하는 바람이다.

마지막으로 어려운 여건에도 본 역서의 출판을 흔쾌히 허락해 주신 역락 이대현 사장님과 열성을 다해 꼼꼼하게 편집 작업을 해주신 편집진께 깊은 감사를 드린다.

2023년 6월

제
1
장

서론

서론

　고대 그리스 과학자 아르키메데스는 "나에게 지렛목 하나를 준다면 나는 지구 전체를 들어 올릴 수 있다"고 하였다. 만약 중국어 문법도 들어 올려질 수 있다면, 그 지렛목은 바로 다름 아닌 바로 '的'가 될 것이다.

　'的'는 현대 중국어에서 가장 흔하게 사용되는 허사로, 사용 빈도로 보나 출현할 수 있는 통사 환경의 유형으로 보나 모두 명실상부한 허사의 제왕이다. 『현대 중국어 상용어휘 빈도 사전(现代汉语常用词词频词典)』의 통계에 따르면, '的'의 빈도는 무려 6.53%[1]에 달한다. 그리고 '的'의 분포를 보면 단어·구·문장 등에서 보편적으로 존재하고, 심지어 담화 영역에서도 그 기능을 발휘한다. 따라서 '的'를 빼놓고는 중국어를 설명할 수 없다고 해도 과언이 아니다.[2]

　마찬가지로 '的'를 떠나서는 중국어 문법을 설명할 수 없다는 말 또한 전혀 과장이 아니다. '的'가 중국어 문법의 핵심적인 문제 가운데 하나임은 조

---

1) 저자주: 통상적으로 '地'라고 쓰는 자형의 부사어 표지 어휘의 빈도 0.14%는 여기에 포함하지 않았다. '是'가 2.1%, '了'가 1%인 것과 대비된다.
2) 저자주: 이 책에서는 '的'와 '地'를 구분하지 않고 일률적으로 '的'로 쓰며, 인용문의 경우는 원래 책의 표기를 따르기로 한다. '的'에 관한 여러 이론에 대해서는 제2장, 특히 제7절에서 자세히 논하기로 한다.

금도 의심할 여지가 없다. '的'와 '的'자 구조3)에서부터 연구를 진행하다보면 중국어 문법 체계의 영혼에 닿는 경우가 흔하며, 심지어 '的'의 난제가 해결되면 중국어 문법의 문제도 대부분 해결된다고 할 수 있다.

'的'의 연구는 의의가 매우 크기 때문에 자오위안런(赵元任),4) 뤼수샹(吕叔湘), 주더시(朱德熙) 등 선배 대가들은 연구 생애의 초기에 모두 '的'에 대해 중요한 선구적인 연구를 하였고, 한평생 마음과 힘을 '的'의 연구에 쏟아 부었다. 자오위안런(赵元任 1926)의 『北平、苏州、常州语助词的研究(베이징·쑤저우·창저우 조사 연구)』는 현대 언어학의 방법을 사용하여 '的'에 대한 연구를 수행한 최초의 논문이다. 자오위안런(Chao 1968)의 『A Grammar of Spoken Chinese(중국어 구어 문법)』에 나타난 '的'에 대한 상세한 묘사는 지금도 빼놓을 수 없는 경전이다. 뤼수샹(吕叔湘 1943)의 『论底、地之辨及底字的由来('底'와 '地'의 변별 및 '底'자의 유래를 논함)』은 최초로 '区别性(구별성)'과 '描写性(묘사성)' 등의 용어를 사용하여 '的'의 기능을 형상화하였는데, 이로써 향후 일련의 연구를 위한 토대를 마련하였다. 그런데 만년에 '的'에 관한 뤼수샹의 사고는 짤막한 논술이 대부분을 차지하며, 『吕叔湘全集(뤼수샹전집)』의 여러 곳에 산재해 있다. 여기에는 사실의 제시와 함께 이론적 탐구와 논의도 있다. 주더시(朱德熙 1961b)의 「说"的"('的'를 말하다)」에서 유작인 주더시(朱德熙 1993)의 「从方言和历史看状态形容词的名词化(방언과 역사를 통해 본 상태 형용사의 명사화)」에 이르기까지 '的'를 둘러싼 일련의 논문은 주더시의 필생

---

3) 저자주: 이 책에서는 주더시(朱德熙)의 『语法讲义(문법강의)』에서 사용하는 '的'字短语/'的'字词组('的'자구)라는 말을 사용하지 않고 '的'자 구조라는 용어를 사용하였는데, 용어만 다를 뿐, 대상은 일치한다(인용문 제외)는 것을 밝힌다.

4) 역자주: 1892-1982. 중국의 저명한 언어학자. 중국 현대 언어학의 선구자로 "중국 현대 언어학의 아버지"로 불림. 중국어의 표음부호 연구에 지대한 영향을 미쳤음. 언어학 방면의 대표 저작으로 『现代吴语的研究』, 『中国话的文法』, 『国语留声片课本』 등이 있다.

의 문법 연구의 골간이자 정수이다.

앞선 학자들의 연구가 우리에게 풍부한 지적 유산을 남겨준 데 이어, 이후에도 끊임없는 연구 성과가 수십 년 동안 이어졌다. 언어학 전문 저널을 뒤적여보면 '的'는 오랫동안 시들지 않는 인기를 가진 핫이슈이자 파헤칠수록 더 깊어지는 노다지 광산이라는 것을 알 수 있다. 여러 학파와 다양한 연구 방법은 모두 '的'에서 탐구의 가치가 있는 과제와 논쟁이 되는 화두를 찾을 수 있게 될 것이다.

'的'의 연구 가치는 '的'라는 허사 자체의 용법과 기능에도 있지만, 중국어 문법의 많은 기본적인 문제들이 모두 이 '的'에 집중되어 있다는 데도 있다. 중국어 문법 연구에 있어서 '的'의 의의는 매우 크다. 이는 마치 거대한 지구를 들어 올리는 지렛목과 같다. '的'의 지렛대 역할은 최소한 명사구의 구조, 중국어 품사 모델, 중국어 통사 패턴, 언어학 방법론의 네 가지 방면에서 나타난다.

명사구의 구조에 관해서는 주더시의 연구가 최종 결정을 내렸다고 할 수 있다. 그는 "동격(同位性) 수식구조가 현대 중국어의 각종 명사성 수식구조에서 차지하는 비중은 매우 크다. 명사나 형용사가 명사를 직접 수식하는 경우를 제외하고는 거의 모든 경우가 동격에 해당된다."(朱德熙 1993)라고 하였다. 이와 관련된 것으로 복합명사 문제도 있다.

동격이란 명사구에서 '的'가 있는 수식항 역시 핵심인 중심항과 마찬가지로 명사성이고 지칭성이라는 것을 의미하는데, 이는 명사구가 동사를 포함하고 있더라도 마찬가지다. 주더시의 이 견해 및 관련 견해를 바탕으로, 선쟈쉬안(沈家煊)은 '这本书的出版(이 책의 출판)'에 대한 논의를 심화시켰고(沈家煊 2009b, 2016), 최종적으로 중국어의 품사는 명사가 동사를 포함한다(名动包

含)는 결론에 도달하였다. 이와 관련해서는 형용사가 과연 독립적인 품사적 지위를 가지는가에 대한 문제도 있다.

이러한 구의 구조와 품사 모델은 중국어의 통사론까지 확장될 수 있는데, 바로 이것은 왜 불완전문(零句)과 무종지문(流水句)이 중국어의 본질을 반영하는지(沈家煊 2012), 왜 화제 구조가 중국어에서 근본적인 성질을 지니는지를 설명해준다(张伯江 2013b).5)

그런데 언어학 방법론적 측면에서 '的'의 연구는 잇따른 혁신을 가져왔다. 주더시(朱德熙 1961b)의 「说"的"」에서는 구조주의의 분포분석법을 도입하여 구조주의에서부터 생성문법에 이르기까지 내심구조(endocentric construction, 向心结构)6)의 난제가 야기한 대논쟁에 대해 논의를 전개하였다. 그리고 주더시(朱德熙 1961b)의 「自指和转指(자기지시와 전환지시)」에서는 지칭 묘사를 세분화하는 이 두 개의 새로운 개념을 명확히 설명하였고, 위안위린(袁毓林 1995)의 「谓词隐含及其句法后果(술어 함축과 그 통사적 결과)」에서는 술어 함축의 방법을 도입하였다. 아울러 선쟈쉬안(沈家煊 1995)의 「"有界"与"无界"(유계와 무계)」와 함께 장민(张敏 1998)의 「认知语言学与汉语名词短语(인지언어학과 중국어 명사구)」는 인지언어학의 붐을 일으켰고, 루빙푸(陆丙甫 2000, 2001)「汉语"的"和日语"の"的比较(중국어 '的'와 일본어 'の'의 비교)」와 「再谈汉语"的"和日语"の"的关系(중국어 '的'와 일본어 'の'의 관계 재고)」는 중국 학자들이 진행한 최초의 의미 지도7) 방법에 대한 연구이다.

---

5) 저자주: 이에 관해서는 본 총서 쉬리췬(许立群)의 『从"单复句"到"流水句"("단복문"에서 "무종지문"까지)』와 쑹원후이(宋文辉)의 『主语和话题(주어와 화제)』를 각각 참고하기 바란다.
6) 역자주: 블룸필드(Bloomfield)가 최초로 제시한 개념으로, 구성의 통사 범주가 그것의 직접 구성성분 중 하나의 통사 범주와 동일한 구조이며, 그렇지 않은 구조는 외심구조(exocentric construction, 离心结构)라 한다.
7) 역자주: 다의성을 가진 언어형식에 대한 연구(언어 내적 또는 범언어적 연구)를 통해 의미들

　이상의 개요는 그간의 중요한 연구 성과를 수박 겉핥기식으로 대강 살펴본 것에 불과하며, 상세한 소개와 논평은 뒤의 글에서 서술하는 것으로 남겨 두고자 한다. 이 책 역시 위 네 가지 방면에서 '的'의 지렛대 역할을 둘러싸고 과거에 대한 회고와 미래에 대한 전망을 하는 데 그 취지가 있다.

　첫 번째 장과 마지막 장을 제외한 가운데 본문 13개의 장은 다음과 같이 몇 개의 그룹으로 나눌 수 있다.

　제2장에서는 '的'의 분합(分合) 문제를 다루는데, 이것이 모든 '的'와 '的' 자 구조에 관한 문제의 근본이다. 주더시(朱德熙 1961b)는 분합 문제에서부터 '的'의 연구에 뛰어들었는데, 이를 돌파구로 삼은 것은 상당히 탁월한 선택이었다.

　제3장과 제4장은 각각 출현과 생략, 위치 문제를 다루고, 이어서 제5장에서는 이 문제들을 '的'의 기능으로 귀결시킨다.

　제6장부터 제8장까지는 모두 지칭의 성질과 관련된 문제로 각각 명사화, 자기지시와 전환지시, 그리고 참조체-목표의 구조를 다루었다.

　제9장에서 제11장의 중심 의제는 'N的V'로 인해 야기된 내심구조 문제(생성문법의 용어는 '핵어(head) 문제')에 대한 대토론이다.

　제12장에서 14장까지는 각각 특이해 보이는 세 가지 문형을 서술하였는데, 구조의 평행성 원칙 하에서는 사실 이들 역시 모두가 정상적인 '的'자 구조이다.

사이의 유사성과 연관성을 탐색하여 2차원의 '지도' 형식으로 나타낸 것으로, 이러한 이론을 의미지도모형(Semantic Map Model) 연구라 한다. 의미지도모형 연구의 중요한 특징은 동일 형식에 대한 대조 연구를 고집하지 않고 동일하거나 유사한 개념을 나타내는 다양한 형식에 대해 연구한다는 점이다

제
2
장

분리와
통합

분리와 통합

'的'의 분리와 통합(분합) 문제는 주로 문법적 기능의 공통점과 차이점을 통해 형태소 '的'의 동일성 문제를 분석함을 말한다. 이와 관련한 또 다른 문제는 '的 / 地' 자형 선택의 맞춤법에 관한 것이다.

주더시(朱德熙 1961b)의 「说"的"」는 '的'를 세 가지 다른 형태소로 나누는 창의적인 분석을 내놓았는데, 인용문을 제외한 행문에서 '的'와 '地'를 구별하지 않고 모두 '的'를 사용하였다. 이후 주더시(朱德熙 1982), 황궈잉(黄国营 1982), 장즈궁(张志公 1991), 선쟈쉬안(沈家煊 2016)도 모두 이 원칙을 고수했다. 이 책에서도 선현들의 자취를 좇아 모두 '的'를 사용하기로 한다.

제1절 초기 상황

원(元)대부터 '的'는 점차 초기의 '底'와 '地'를 통일하여 이를 대체하였고, 명청(明清)대 백화소설에서는 '的'로 통합하는 것이 주류가 되었다.

민국(民国)시기에는 일부 번역 작품에서 서양 문법과의 대응을 추구했기 때문에 '底', '的', '地'를 각각 소유격, 형용사, 부사로 번역하는 용법이 점차 등장하면서 학자들 사이에 대대적인 논의가 일어났다. 이러한 분업은 리진시(黎錦熙 1924)[8])가 세 가지로 분리하여 사용하는 방법을 실행하면서 점차 이론적으로 명확해졌다. 그러나 그 과정에서 여전히 혼란을 피할 수 없었고, 신중국 건국 이후에 '底'는 다시 소멸의 길로 접어들었다. 이에 관한 일방적인 맞춤법 개혁은 제대로 추진되지 못하였는데, 이는 좁은 의미의 소유격(genitive)이 중국어에서는 독자적인 범주의 지위를 차지한 적이 없었다는 것을 말해준다.

가오밍카이(高名凱 1944)는 맞춤법과 언어 단위의 동일성이라는 두 측면 모두에서 '하나의 '的'자(一个"的"字)'론의 효시라 할 수 있다. 이 논문에서는 먼저 선행 연구에서 '的'에 속하지 않는 용법을 밝힌 다음, 이어서 '底'와 '的', 그리고 '地'가 발음이 같고 동일한 형태이기 때문에 번역에서 3개로 나누는 것이 규정하는 것과 규정되는 것 사이의 '규정 관계'라고 하는 문법적 범주의 동일성을 결코 변경할 수는 없다고 지적하였다. 인도유럽어의 규정 관계는 문법적으로 여러 가지 구분이 있지만, "중국어는 이러한 개념을 구별하기 위한 특별한 형태가 없으며, 오직 '的'자 하나가 이 모든 개념을 다 나타낸다." 이 논문은 하나의 형태, 하나의 의미, 하나의 단어가 대응한다는 일형일의일사(一形一义一词)의 대응관계 원칙을 확정했다는 데 의의가 있으며, '的'는 단지 "비교적 광범위한 규정 관계를 나타내는 문법 형식"일 따름이다.

이 견해는 21세기에 와서도 여전히 반향이 있다. 궈루이(郭锐 2000)는 '的

---

8) 역자주: 1890-1978. 중국의 언어문자 학자. 중국 베이징사범대학교 교수, 중국사회과학원 원사 등을 역임. 최초의 백화문 중국어 문법책『新著国语文法(새로 쓴 중국어 문법)』저술. 70여 년 동안 중국어문 교육과 연구에 종사하면서 언어학, 문자학, 문법학, 수사학 등에 걸쳐 수많은 업적을 남겼다. 대표 저작으로는『黎锦熙选集』,『黎锦熙语言文字学论著选集』,『文字改革论丛』등이 있다.

(地)'를 단어를 수식하는 표지로 보았는데, 이 견해는 '규정'에 대한 새로운 해석으로 볼 수 있다.

제2절 「'的'에 대하여」

주더시(朱德熙 1961b)는 '的'를 동음(同音)의 '허자(虛字)'에서 분리한 다음, 통사 분포의 차이를 고찰하여 문법 기능이 서로 다른 세 개의 형태소 (morpheme), 즉 '의미가 있는 가장 작은 언어 단위'를 식별해냈다.

'的$_1$'은 부사성 문법 단위의 뒤에 붙는 성분으로, 주로 일부 쌍음절 부사 뒤에 출현하여 부사성 문법 단위를 구성한다.

'的$_2$'는 형용사성 문법 단위의 뒤에 붙는 성분으로, 주로 형용사 중첩식 뒤에 출현하여 상태형용사를 구성한다.

'的$_3$'은 명사성 문법 단위의 뒤에 붙는 성분으로, 명사·동사·성질형용사·인칭대명사 및 여러 가지 구의 뒤에 출현하여 명사성 문법 단위를 구성한다.

이 논문은, 여러 가지 문법 단위 'X'에 '的'를 붙여서 나타나는 문법 기능의 변화가 '的'에 의한 것이라면 여러 가지 'X的'의 기능 차이는 곧 '的'의 차이를 의미한다고 가정한다.

'的'의 분포를 고찰하기 위해서는 'X'의 유형과 함께 'X的'의 통사 기능도 살펴보아야 하는데, 기본적인 구조는 다음과 같다.

的	X	예	X的
的$_1$	쌍음절 부사	忽然 갑자기, 漸漸 점점	부사성

	1-3음절 의성어	噌 탁, 哗啦 와르르, 哗啦啦 와르르	
	병립구조	无缘无故 전혀 관계가 없다	
		大惊小怪 하찮은 일에 크게 놀라다	
	단음절 형용사 중첩식	红红 발갛다, 轻轻 가볍다	
的₂	쌍음절 형용사 중첩식	干干净净 깨끗하다	형용사성
	후치 부가성분을 수반한 형용사	红通通 새빨갛다	
	4음절 의성어	稀里哗啦 달그락달그락	
	정도부사＋형용사	很好 아주 좋다, 挺便宜 아주 싸다	
		最好 가장 좋다, 最便宜 가장 싸다	
的₃	명사	木头 나뭇조각	명사성
	동사(구조)	吃 먹다, 看戏 연극을 보다, 洗好 잘 씻다	
	형용사	红 붉다	
的₃/₁	쌍음절 형용사	便宜 싸다	명사성
		细心 세심하다	부사성

위 표를 보면 3개의 '的'로 구분하는 것이 기본적으로 명확하고 근거가 있다. 따라서 단어를 귀납하고 개괄하는 동음동의(同音同义)의 원칙에 근거하여, 분포가 다르고 기능이 다른 '的'를 세 개의 '문법론적 단어'로 개괄하여 문법 분석의 기본 단위로 삼을 수 있다.

문법 단위로서 각각의 특정한 형태소와 단어는 모두 일정한 형식과 일정한 의미를 가진다. 세 개의 '的'로 구분하는 근본적인 근거는, 이들이 음은 같지만 의미가 다르므로 만약 구분하지 않으면 '고정된 문법적 의미가 없기' 때문이라고 주더시(朱德熙 1961b)는 주장하였다. 이 논의는 '的'를 세 가지로

구분하는 이유를 제공하였지만, 아울러 후세 사람들이 이를 연구할 때 다시
통일된 '的'를 모색하도록 이끈 것도 역시 이 논의였다.

제3절 대논쟁

「说"的"」가 발표된 후 심도 있는 토론이 이어졌다. 황징신(黄景欣 1962)은
몇 가지 의문을 제기했는데, 뤼수샹(吕叔湘 1962)은 그 요점을 두 가지로 개괄
하였다. 첫째, '白的纸(흰 종이)'에서 '白的(흰 (것))'는 명사성(주더시의 견해)인가
아니면 형용사성(황징신의 견해)인가? 둘째, 문미의 '的'는 어기사인가?

첫 번째 요점에 대해, 뤼수샹은 분포 구도를 제시하여 '木头的(나무의)'
와 '白的'의 품사는 반드시 통일되어야 한다는 점을 논증하였다.

朱德熙(1961b)

	X的Y	X的
木头的, 我的 등	명사	명사
白的	명사	명사

黄景欣(1962)

	X的Y	X的
木头的, 我的 등	명사	명사
白的	형용사	명사

주더시(朱德熙 1961b)의 견해는 이론적 일관성이 있지만, 황징신(黄景欣 1962)
의 견해는 옹호하기가 어렵다. 왜냐하면 '木头(나무)'와 '白(희다)'의 기능은

다르지만 '木头的'와 '白的'의 기능은 완전히 같으므로, 이들을 두 종류로 구분하는 것은 하나를 둘로 나누는 일종의 분할이 되기 때문이다. 또한 이는 '我买的(내가 산 것이다)'와 '你给我的(네가 나에게 준 것이다)'의 품사를 확정하는 데에도 도움이 되지 않는다.

두 번째 요점에 대하여 황징신의 주요 논증은, 첫째는 '我会写的(나는 쓸 것이다)' 뒤에는 명사를 붙일 수 없다는 것, 즉 'X的'는 'X的Y'로 바꿀 수 없다는 것이고, 둘째는 '我会写的'와 '我会写吗?(나는 쓸 수 있습니까?)'는 상응한다는 것, 즉 '的'는 '吗'로 바꿀 수 있다는 것이다. 따라서 이 '的'는 다른 세 개의 '的'와는 달리 어기사가 된다.

뤼수샹의 논문은 이를 부분적으로 인정하였다. '我会写的' 뒤에 명사를 붙일 수 없다는 것은 인정하지만, 그것이 이 '的'가 어기사라는 것을 반드시 증명하지는 않는다는 것이다. 왜냐하면 같은 예들이 또 있기 때문이다. 다시 말해, '瞧我的₃!', '真有你的₃!'와 같이 어기사 '吗'나 '吧'로 바꿀 수 있는 '的'가 있다는 것은 인정하지만, 또 '我昨天写的(나는 어제 썼다)', '他去年来北京的(그는 작년에 베이징에 왔다)'와 같이 어기사로 바꿀 수 없는 경우도 있기 때문이다. 뤼수샹의 논문은 결국 '是……的' 구문의 '的' 중에는 확실히 '的₃'인 경우도 있지만, 뚜렷한 어기 작용이 있는 경우 또한 있다고 보았다. 이것은 나중에 '是……的' 구문에 대한 새로운 연구로 이어졌다.(제12장 참조)

주더시(朱德熙 1961b)의 방법론은 분포분석법을 엄격하게 적용했다는 데 그 의의가 있다. 뤼수샹(吕叔湘 1962)의 방법론은 언어 단위의 동일성 원칙을 충분히 논증하여 문법구조(구조체)의 동일성 문제가 세 가지 요소와 관련된다는 점을 지적한 데 의의가 있다. 세 가지 요소란 구조의 품사, 구조의 직접성분의 품사, 그리고 구조의 내부인 직접성분들 간의 구조 관계를 말한다. 루젠

밍(陆俭明 1963)은 위 두 가지 요점에 대해 더욱 자세한 설명을 하였다. 그 후 또 몇 편의 논문이 토론에 참여하였다. 주더시(朱德熙 1966)는 「关于<说 "的">(「说"的"」에 관하여)」라는 논문을 통해 함께 답변을 내놓으면서 자신의 관점을 견지하였지만, 어기사 문제는 역시 논외로 둔 채 다루지 않았다.

여기서 유의해야 할 점이 있다. 주더시(朱德熙 1961b, 1966)는 모두 '语素(형 태소)'라는 용어를 사용함으로써 '的'가 단어 내의 성분인 '词尾(어미)'인지 아 니면 독립적인 허사인지에 대한 논의를 회피하였다는 점이다. 논문에서는 또 '후접성분(后附成分)'과 '词尾'는 다르다는 것을 강조하였다.

그러나 주더시(朱德熙 1993)에서는 변화가 생겼는데, 그것은 '的'를 '的₁', '的₂', '的₃' 3개로 나누었다는 것이다.

'的₁'은 부사 어미로 일부 쌍음절 부사의 어간(忽然(갑자기), 格外(각별히), 渐渐 (점점)) 뒤에 출현하여 부사를 구성하고, '的₂'는 상태형용사의 어미로 상태형 용사의 어간(红红(발갛다), 干干净净(깨끗하다), 红通通(새빨갛다)) 뒤에 출현하여 상 태형용사를 구성하며, '的₃'은 명사화 표지(nominalizing marker)로 명사나 동 사, 형용사(상태형용사 제외), 인칭대명사 및 다양한 구 뒤에 출현하여 명사구 를 구성하는 것으로 규정하였다.[9]

더 중요한 변화는 '的₃'을 '명사성 문법 단위 뒤에 붙는 성분'에서 '명사화 표지(名词化标记)'로 바꾸었다는 것이다. 그런데 이는 일련의 논쟁을 촉발시키 게 된다. 이 논문에서는 또 어미 '的' 역시 다루지 않았다. 위안위린(袁毓林

---

9) 저자주: 차이웨이텐(蔡维天 2015)은 화제화, 초점이동, 동사중복, '连'자문, 동형생략 등의 검 증수단을 사용하여 다른 두 종류의 '的₃'을 구분하였다. 하나는 '第一年的博士生(1년차의 박사 생)'과 같이 관형어를 도입하는 기능어인데, 여기에는 수식 용법과 소유 용법이 포함된다. 다 른 하나는 '博士生的第一年(박사생의 1년차)'과 같이 수량구에 붙는 단어로, 순서 용법과 계 량 용법이 있다. 그러나 이러한 차이는 반드시 '的'의 차이로 인한 것이 아닐 수도 있으며, 관 형어와 중심어의 어휘 의미도 또한 고려해 볼 수 있는 생각이다.

2003a)이 초점이론(焦点理论)과 비단조 논리(nonmonotonic logic, 非单调逻辑)[10]의 관련 관념과 방법을 사용하여 문미의 '的'도 명사화 표지임을 논증한 후에야 비로소 주더시의 이론이 유지되었다.(제6장 참조)

제4절 공통점의 발견

주더시(朱德熙 1961b)는 변환법을 사용해서 문미의 '的'도 역시 '的₃'이라는 것을 증명하였다.

我会写的 → 我是会写的
제가 쓸게요 → 제가 쓸 거예요

그런데 뤼수샹(呂叔湘 1962)은 다음과 같은 평행 관계를 발견하였다.

手上干干净净的 → 手上是干干净净的
손이 깨끗하다 → 손이 깨끗한 것이다

뤼수샹 논문의 본래 의도는 주더시 논문의 논증이 결코 성공적이지 않다

---

10) 역자주: 연역 논리는 추리가 진행되고 지식이 부가됨에 따라 정보를 버리거나 신념을 변경하는 메커니즘을 갖고 있지 않다. 연역 논리의 이러한 측면을 단조적(monotonic)이라 부른다. 비단조 논리(nonmonotonic logic)는 사용 가능한 정보에 기초하여 추리를 진행하지만, 새로운 정보가 첨가될 때 그 추리는 제거되고 새로운 추리를 진행할 수 있다. 비단조 논리는 근거가 불완전하거나 완전한 정보 획득이 불가능한 상황에서 이용될 수 있는 추리 양식이다. 민스키(M.Minsky)는 연역 논리가 상식적 추리를 표현하기에는 부적절하다고 주장하면서 Nonmonotonic이라는 용어를 1975년 처음 사용하였다.(정영기, 「비단조 논리(Nonmonotonic Logic) 연구」 『동서철학연구』 Vol.12 No.1, pp.99-100, 1995)

는 것을 설명하기 위함이었다. 하지만 다른 관점에서 보면, 쌍음절 형용사 중첩식 뒤의 '的$_2$'가 전형적인 '的$_2$'라고 하더라도 이것 역시 '的$_2$'와 '的$_3$'의 공통점을 설명해준다. 앞 2절의 도표는 「说"的"」에서 제시한 원래 도표의 배열 방식과 달리, 범주를 뛰어넘는 X를 부각시켰다.[11] 이것은 역시 주더시의 기준으로 보더라도 3개의 '的' 사이에 사실은 모호한 지대가 존재한다는 것을 보여준다.

황궈잉(黄国营 1982)은 형태소를 구분하는 또 다른 기준을 채택했는데, 그것은 'X'에 '的'를 붙인 다음 품사에 근본적인 변화가 발생하는지를 살펴보는 것이다.

	D$_1$	D$_2$
품사변화	XD$_1$ ≠ X	XD$_2$ = X
D의 성질	구조성	어미성
XD의 지시 대상	사물	성질과 상태
XD의 성질	체언구	용언구
주요 통사기능	주어, 목적어, 관형어	술어, 보어, 부사어
예시	你 너—你的 너의 것 吃 먹다—吃的 먹는 것 红 붉다—红的 붉은 것	渐渐(的) 점점 干干净净(的) 깨끗하다 大白天(的)[12] 대낮
朱德熙(1961)와 비교	的$_3$	的$_1$ + 的$_2$

이 분류법은 '的$_1$'과 '的$_2$'의 공통점을 발견하였음을 보여준다. 그런데 루

---

11) 저자주: '凸显'과 '突显'이라는 두 용어는 모두 언어학 논문에서 사용되고 있지만, 본 총서 주편 沈家煊선생님이 번역한『현대언어학사전(现代语言学词典)』에서 사용한 번역 형태를 따르기 위해서 이 책에서는 전체적으로 '突显'을 사용하였다. 이때 인용문은 제외하였다.

12) 저자주: 이때 '的'를 '的$_2$'로 분석한 이유에 대해서는 가오순취안 외(高顺全等 2014)를 참고할 것.

빙푸(陆丙甫 1992)는 또 다른 각도에서 '的₁'과 '的₃'의 공통점을 확인하고, 논문에서 다음과 같이 부사어가 되는 '的'자 구조가 '地'가 아닌 '的'로 쓰이는 경우가 더 많다는 것을 예로 들었다.

> 总的说来 전반적으로 말해서
> 他真的来了。그가 정말 왔다.

'总的(전반적으로)'는 '从总的₃方面(전반적인 측면에서)'의 생략으로 볼 수 있으며, '真的(정말)'의 예는 '他来了, 这是真的₃(그가 왔는데, 이것은 사실이다)'로 변환할 수 있다.

부사어 안의 '的'에 대해 깊이 있게 연구한 이는 장이성(张谊生 2011, 2012)이다. 특히 뒤의 논문은 풍부한 예증을 바탕으로 '부사＋的'로 된 부사어의 사용을 4개의 큰 부류와 8개의 작은 부류로 구분하였는데, 그 중 7개의 작은 부류는 모두 설득력 있는 근거가 있어 고도의 술어화, 의미 표현, 이미지 묘사 등의 표현 효과를 거둘 수 있다. 다만 작은 부류 한 가지는 오용에 속한다. 중국어는 실제로 '的'도 역시 부사어에 사용될 수 있다는 것이다. 결론 가운데 하나는 부사 자체에 형태적 특징이 없다는 것인데, 이것은 사실상 '的₁'의 현실성에 대해 의문을 제기한 것이다.

제5절 화용에 대한 탐색

장궈시엔(张国宪 1994)은 비교적 일찍이 '的'의 화용적 기능에 대해 탐색하였는데, 그 연구 대상은 '的₃'이었다. 이 논문에서는 '新型(的)人际(的)关系的

雛形(신형(의) 인간(의) 관계의 초기 형태)'과 같이 출현과 생략이 자유로운 '的'는 화용 영역에 속하는 문제로, 긴밀함과 느슨함이 적절히 조화를 이루는 구조의 형성, 수식어 강조, 음절 조화 등이 그 기능이라고 보았다. 이는 주로 수사적 효과를 말한다.

쉬양춘 외(徐阳春等 2005)는 한 걸음 더 나아가 '('的' 앞 성분에 대한) 역방향 부각(逆向凸显)'으로써 세 가지 '的'의 화용적 기능을 통합하고자 하였는데, 이는 다시 두 가지 큰 범주로 나눌 수 있다. 하나는 '수식항 부각(凸显偏项)' 이고, 다른 하나는 '대조 초점 부각(凸显对比焦点)'이다. 이를 간략하게 요약하면 다음과 같다.

수식구조(的a)	수식항의 수식성 부각	鸡肉鸭肉的₁吃 닭고기며 오리고기며 먹다 高高的₂举起 드높이 들다 木头的₃桌子 나무로 된 탁자
비수식구조 (的b)	발생한 동작의 조건이나 행위자 부각	我在杭州下的₃车。 나는 항저우에서 차를 내렸다. 谁打破的₃窗户? 누가 창문을 깼어?
	동작 자체 부각	他一定会去的₃。 그는 반드시 갈 것이다.
	특별한 상태 부각	大过年的₂, 不要吵架。 설도 쇠는데 싸우지 마라.

여기서 '부각(凸显)'은 사실상 이미 화용-인지의 개념이 되었다.

제6절 인지적 해석

주더시(朱德熙 1961b)는 결말 부분에서 '的'를 하나의 형태소로 통합했을 때의 단점은 "고정된 형식만 있을 뿐, 고정된 문법 의미가 없다"는 것이라고 하였다. 여기서 말하는 '문법 의미'란 주로 분포와 품사를 가리킨다. 그렇지만 뤼수샹(吕叔湘 1962)은 '的'의 경우 분포가 단일하기 때문에 '的자 구조'를 구성하는 기능을 가진 오직 하나의 '的'만 존재한다고 주장하는 것도 가능하다고 하였다. 흥미로운 것은, 주더시(朱德熙 1961b) 역시 결말 부분에서 이러한 통합은 "일반인들의 마음속에서도 상당한 지위를 점하고 있다"고 지적했다는 점이다. 그렇다면 이 심리적인 지위는 도대체 어떠하다는 것인가? '문법 의미'에 다른 해석이 있을까? 이에 대해서는 후세의 인지언어학 연구가 명확한 답을 내놓았다.

류닝성(刘宁生 1995)은 앞서 류닝성(刘宁生 1994)에서 논술한 '목적물(目的物)'과 '참조물(参照物)'의 공간 관계를 수식구조에 적용하여 '중심어'와 '수식어'의 인지적 기초가 바로 '목적물'과 '참조물'이라고 제시하였으며, 아울러 양자의 비대칭 관계가 수식구조의 단어 선택을 결정하기 때문에 참조물이 목적물에 우선한다는 원칙을 따라야 한다고 지적하였다.

'湖中心的亭子(호수 한가운데의 정자)'를 예로 들면, 인지 과정에서 식별하려는 목적물인 '亭子(정자)'를 찾기 위해서는 '湖中心(호수 한가운데)'을 참조물로 삼아야 한다. 이때 '湖中心'은 문법적으로 수식어가 되고 '亭子'는 중심어가 된다. '的'는 이러한 인지와 문법의 이중적 관계를 나타내는데, 이러한 관계는 거꾸로 '亭子的湖中心'으로 바뀔 수는 없다.

사람들의 인지 심리에서 이러한 공간 관계가 비물질적 의미로 확장됨으로써 다양한 의미를 가진 '的'자 구조를 만들어냈다. 예를 들면, '我的衣服(나의 옷)', '红颜色的苹果(붉은 색의 사과)', '五角形的大楼(오각형의 빌딩)', '叔叔从国外 带回来的照片(삼촌이 외국에서 가지고 돌아온 사진)' 등이 그러한데, 이들의 수식 어는 모두 참조물이다.

선쟈쉬안(沈家煊 1999)은 '的'자 구조의 인지 틀에 대해 더욱 자세히 설명 하고, '참조체—목표(参照体—目标)'라는 인지 구조를 핵심으로 하는 인지 모델 을 수립하였다.(제8장 참조) 또 한 걸음 더 나아가 선쟈쉬안 외(沈家煊等 2000) 는 'N的V'구조도 이 체계 속에 포함시켰다.(제9장 참조)

구조주의 시대에는 문법 의미에 대한 학계의 이해가 오직 구조에만 국한 되었다. 그러나 인지문법[13]이 대두된 지금은 문법 의미에 대한 이해에 인지 적 의미도 포함시킬 필요가 있다. '참조체-목표' 관계는 인지구조이자 문법 의미이며 범언어적인 가치를 지니기도 하는데, 이와 관련해서는 영어 of에 대한 연구 래너커(Langacker 1993)를 참고할 수 있다. 이를 바탕으로 각종 '的'를 하나의 형태소로 통합하게 된다면 형식과 의미가 상응하지 않음으로 인한 번거로움은 자연히 사라질 것이다.

가오밍카이(高名凱)의 '관계규정' 이론을 돌이켜 보자. 여기서 만약 '규정' 을 '확정'으로 이해한다면, 참조물을 통해 목표를 확정하는 것은 바로 '관계 규정' 이론에 대한 인지언어학적 이해가 된다.

선쟈쉬안(沈家煊 2015)은 형태류(形式类)[14]의 분류에 적용되는 '동형합병(同 形合并)'의 원칙을 다음과 같이 설명하였다.

---

13) 저자주: 생성문법학계에서도 역시 '的'의 동일성을 찾고 있다. 王红生(2016)은 공범주 이론 을 빌려 的가 수식 제약의 기능을 나타내는 문법 표지로 간주될 수 있음을 입증했다.
14) 역자주: 형태적 특징을 공유하는 단어군 등 문법 형태류 (영어: form class)

1) 한 단어를 두 개의 다른 형태류로 분류하기 위해서는 이 단어가 적어도 두 개의 예에서 나타나고, 둘 사이에 직관적이면서 안정적인 형식적 대조가 있어야 한다.
2) 일치관계[15]에 따라 이루어진 형태류의 분류는 한 단어에서 다른 단어로 확장될 수 없다.

이 두 가지 원칙은 '的'에도 부합한다. 선자쉬안은 이와 동시에 "'형태류'를 엄격하게 분류할 때도 역시 분류의 정도를 고려해야 하므로 무작정 나누기만 해서는 안 되고 합쳐야 할 때는 합치면서 일정한 원칙에 따라야 한다"고 지적했다. '的₁', '的₂', '的₃'을 하나의 '的'로 합치는 것은 이들 세 가지가 차이가 없기 때문이 아니라 몇 가지 '的'에 대해 형식적으로 구분해야 할 정도로 그 차이가 중요하지 않기 때문이라는 것이다. 이것은 더 큰 체계 안에서 선배 학자들의 이론을 개괄하고 정리하는 것이다. 과학적 연구의 목적은 세분화에 있지 않고 '단순성(单纯性)' 추구에 있다.(吴怀成·沈家煊 2017:279)

제7절 맞춤법에 대한 토론

1956년에 제정된 『잠정 중국어 교육 문법 체계(暂拟汉语教学语法系统)』에서는 '的'와 '地'를 구분하여 각각 관형어 표지와 부사어 표지로 할 것을 주장하였는데, 이는 이후 널리 보급되어 규범이 되었다. 그러나 1984년 이 교육 체계를 대체한 『중·고등학교 교육문법체계 개요(中学教学语法系统提要)』에서는 반대로 '的'와 '地'의 병용을 주장하였다.(人民教育出版社中学语文室 1984) 뤼

---

15) 역자주: 일치관계는 문장의 각 구성요소 간에 인칭, 성, 수 등에서 일정한 문법 관계를 유지함을 말한다.

수샹(呂叔湘 1984)은 이 원칙에 대하여 다음과 같이 논술한 바 있다.

> "관형어와 부사어의 구별은 '的'와 '地'가 아닌 피수식어의 품사에 의해 결정
> 된다."
> "만약 이들을 모두 '的'로 쓴다면. 이 단어의 품사에 대한 논쟁(관형어나 부사
> 어를 구별하기 어려움)에 직면했을 때 문법학자들이 논쟁할 수 있도록 하면 되
> 기 때문에 글을 쓰는 일반인들에게는 어려움을 주지 않을 것이다."

그런데 이제는 문법학자들도 더 이상 논쟁을 하지 않아도 될 것으로 보인
다. 사실은 이미 아주 명백하다. "'的'와 '地'의 구별과 분업은 절대로 교과
서에 규정된 것처럼 각자 소임과 경계가 뚜렷하지가 않다. 하지만 필요한 경
우에는 부사로 된 부사어도 '的'를 사용할 수가 있다."(张谊生 2012) 선쟈쉬안
(沈家煊 2014, 2017)도 "중국어의 실상은, '地'는 단지 부사어 표지일 뿐이지만
'的'는 관형어 표지이자 부사어 표지로, '的'의 용법이 '地'의 용법을 포함하
고 있다"고 논술하였다. 간단명료하게 말해 '중국어의 부사어는 관형어의 일
종'이라는 것이다.(제3장 7절과 제4장 2절 참조)

주더시(朱德熙 1961b, 1982)가 이들을 모두 '的'로 쓴 이유는 틀림없이 관형
어와 형용사를 구분하지 못해서가 아니라, '的/地'의 관형어와 부사어로 이
분하는 것이 '的'를 삼분하는 것과 내재적 충돌을 일으킨다고 보았기 때문일
것이다. 한편, 'X的$_1$'(赶紧的$_1$往屋跑(빨리 집으로 도망간다))과 'X的$_2$'(热热的$_2$喝下去
(뜨겁게 마셨다))는 모두 부사어가 될 수 있는데, '地'자 하나만으로는 이것을
구분할 방법이 없다. 다른 한편으로, 'X的$_2$'는 관형어가 될 수도 있는데(热热
的$_2$一壶茶(뜨거운 차 한 주전자)), 만약 자형(字形)을 나누게 되면 동일한 형태소를
억지로 둘로 쪼개는 것이 된다.

또한 인지언어학의 관점에 따르면 모든 '的'는 동일한 형태소이므로 두 개의 자형으로 나누어서는 더더욱 안 된다.

출현과
생략

출현과 생략

　'的'의 출현과 생략 문제에 대한 연구는 주로 관형어-중심어 형식의 수식구에 집중된다. 또한 '的'의 출현과 생략은 의미에 현저한 변화를 초래하지 않는 것으로 제한할 필요가 있으므로 '快餐厅(패스트푸드점) / 快的餐厅(빠른 식당)', '黑票(암표) / 黑的票(검정색 표)' 등은 논의에서 제외하기로 한다.

제1절 단항 관형어

　천충짠(陈琼瓒 1955)은 의미의 각도에서 단항의 관형어 뒤에 오는 '的'의 생략과 출현을 고찰한 후 '称谓(호칭)' 이론을 내놓았다. 그는 먼저 '的'의 생략과 출현의 원인을 개인의 습관과 발음 편의, 오해 회피, 의미 변별 등으로 보는 기존 이론의 단점을 지적한 후, 형용사와 명사, 동사, 인칭대명사가 관형어가 되는 상황을 각각 고찰하였다.

호칭	수식, 구별	호칭으로 사용 불가
大好春光 아름다운 봄 풍경	大好的春光 아름다운 봄 풍경	*坏春光

鸡脚 닭발	鸡的脚 닭의 발	*张三脚
飞鸟 나는 새	飞着的鸟 날고 있는 새	*飞着鸟
我爸爸 내 아빠	我的爸爸 나의 아빠	*我书

결론적으로 관형어 뒤의 '的'는 관형어의 수식, 구별 작용을 강조하므로 '的'를 사용하지 않게 되면 구의 구조가 긴밀해져서 사물의 호칭이 되거나 심지어 복합어가 되기도 한다. 만약 관형어를 강조해도 의미가 없다면 '的'를 사용해서는 안 되며, 호칭이 될 수 없을 때는 반드시 '的'를 써야 한다.

이 견해는 자오위안런(赵元任, Chao 1968: 285-286)의 공감을 얻었다. 그러나 호칭의 형식 여부를 어떻게 판단할 것인지, 무엇이 강조인지, 무엇을 강조하는지 등이 모두 새로운 문제로 대두된 듯하였다. 그래서 판지옌(范继淹 1958)은 "'白刀子进去, 红刀子出来(흰 칼이 들어가서 붉은 칼이 나온다)'는 말은, '刀子(칼)'의 성질과 형상을 강조하는 것인가 아니면 '白刀子(흰 칼)'와 '红刀子(붉은 칼)'이라는 앞뒤 서로 다른 두 사물을 지칭하는 것인가라는 질문에 확실한 대답을 하기는 정말 어려울 것이다"라고 하였다.

판지옌(范继淹 1958)의 발상은 구문에서 시작하였는데, 그는 형용사-명사의 조합인 'AN'과 'A的N'이 성립하는 통사 조건이 서로 정반대임을 발견하였다.

[AN]

A가 다른 성분의 제약을 받지 않음	*很平常事
N이 다른 성분의 제약을 받지 않음	*红那件毛衣
A를 중첩할 수 없음	*老老实实话
N이 앞 문장을 이어 생략할 수 없음	*大脸盆三块, 小两块

[A的N]

다른 형용사의 수식을 추가로 받을 수 없음	*大黑的马
다른 명사의 수식을 추가로 받을 수 없음	*圆的脸胖子

이를 통해 'AN'은 조합이 긴밀하고 단일한 명사성 성분인 반면, 'A的N'은 두 개의 다른 통사 단위로 구성된 구라는 것이 증명되었다. 이와 유사한 고찰로 리진샤(李晋霞 2003)의 'VN'과 'V的N'에 대한 연구를 참조할 수 있다.

'호칭'이론에 대한 해설과 보충은 스즈키 케이카(鈴木慶夏 2000)에서 유래한다. 이 논문은 의미 규칙을 세분화하여 형용사-명사 조합에 '的'가 붙지 않는 '대립화 원인(对立化动因)'을 제시하였다. 분류의 근거인 형용사는 사물의 속성을 묘사하고 서술하는데, 동일 부류의 다른 사물과 구별이 가능한 경우에는 '的'를 포함하지 않고 관형어로도 쓰일 수 있다고 보았다. 또한 특정한 텍스트에서 새로운 사물이 출현하였을 경우, 언어 표현은 항상 'A的N'의 형식을 선택하고 뒤에서 이를 다시 언급할 경우에는 '的'를 넣지 않아도 된다는 점이 관찰되었다. 이것은 'AN' 조합이 이미 독립적인 범주의 지위를 획득했다는 의미로도 이해될 수 있다. 텍스트에서 앞에 'A的N'이 사용되던 것이 뒤에서 'AN'으로 바뀐 것은, 텍스트에서 'N的V'가 먼저 사용되고 뒤에 지칭성의 'NV'로 바뀐다는 완취안(完权 2010)의 관찰과 유사하다.(제9장 참조) 조사 대상을 단어에서 텍스트로 확대한 것은 '的'자 연구의 필연적인 발전이다.

인칭대명사가 관형어가 되는 것은 어느 정도 특수성을 지닌다. 쉬양춘(徐阳春 2008)은 인칭대명사가 독립적으로 지칭을 하기 위해서는 '的'가 나타나는 비관계조합의 구조를 필요로 하지만, 만약 문장 속에서 하나의 전체로 간주되면 '的'를 생략할 수도 있다는 것을 발견했다. 천충짠(陈琼瓚 1955)은 '你胳膊(당신 팔)', '他桌子(그 사람 책상)', '她钱包(그 여자 지갑)', '我汽车(내 자동차)'처럼 성립할 수 없는 부류도 텍스트에서 전체성을 획득하였기 때문에 역시 상당히 많은 예들이 존재한다고 보았다. 위의 두 연구는 모두 '호칭'성의 본질은 개념의 전체성임을 보여준다. 이러한 전체를 쉬양춘(徐阳春 2011)은 블럭(板块)이라고 불렀다.

제2절 다항 관형어

'호칭'이론의 뒤를 이은 대단한 이론적 혁신은 장민(张敏 1998)이다. 이 논문은 거리 도상성 원칙(距离象似原则)16)에서 출발하여 '的'자의 출현과 생략의 일반적 원칙을 탐구하였다. 가장 먼저 도상성이라는 원인을 제기한 연구는 차펠 등(Chappell et al. 1992)일 것이다. 그런데 장민(张敏 1998)은 인지언어학 패러다임을 도입하여 충분한 논증을 진행하였고, 나아가 연구 범위를 다항 관형어로까지 확대하였다.

거리 도상성 원칙은 언어 성분 간의 형식적 거리와 개념적 거리가 평행해야 하는데, '的'는 관형어와 핵심 명사 사이의 형식적 거리를 확대시킬 수 있으므로 관형어와 핵심 명사의 개념적 거리가 멀수록 '的'를 사용하기가 쉽고, 가까울수록 '的'를 사용하기가 어렵다. 자세한 내용은 다음 도표로 나타낼 수 있다.

---

16) 역자주: 언어 형태와 그것이 가리키는 의미는 관련성이 전혀 없는 자의적인 관계인 경우도 있고, 자연스러운 유사성 또는 연결성이 있는 도상적인 관계인 경우도 있다. 거리 도상성은 언어 표현 사이의 거리와 그 의미들 사이의 거리가 유사함을 의미한다.

'的' 생략 가능	'的' 사용 필수	
속성관형어	정태관형어	소유관형어
단순한 형식의 형용사	복잡한 형식의 형용사, 구별사, 명사	명사, 대명사
규약성 분류, 관형어와 중심어의 개념혼성도 높음	일시적인 정태 또는 개념적 거리가 큰 경우	소유자와 소유물의 개념이 상호 독립

다항 관형어에서 '的'의 출현과 생략에 대해 장민(張敏 1998:267, 270)은 다음과 같은 두 가지 순서로 정리하였다.

[품사 순서]

소유어 > 논리양사 > 지시사 > 수량사 > 상태형용사 > 성질형용사 > 구별사 · 명사 · 동사 > 중심어

[의미 기능 순서]

정태 속성 > (신구(新旧), 형태, 색깔, 재료, 기능) > 중심어

이 두 가지 순서에서 "오른쪽으로 갈수록 '的'가 생략될 가능성이 높고, 왼쪽으로 갈수록 '的'(또는 간격을 띄우는 다른 성분)가 출현할 가능성이 높다". 예를 들면, '大的瓷杯子(큰 자기 컵)'라고 말할 수는 있지만 '大瓷的杯子'라고 말할 수는 없다.

거리 도상성 원칙의 해석력은 매우 강하지만 반례도 있다. 루빙푸(陆丙甫)는 일찍이 한차례 강연에서 이러한 예를 든 적이 있다. 왜 '厚书(두꺼운 책)'에 '的'는 넣을 수 있지만(厚的书) '一本(한 권)'은 넣을 수 없는지(*厚一本书), 왜 '厚的那本书(두꺼운 그 책)'라고 말할 수는 있지만 '*厚那本书'라고 말할 수는

없는가?(王远杰 2008a)

루빙푸(陆丙甫 2004)는 인지언어학과 언어유형론적 가치가 풍부한 또 다른 원칙인 '거리-표지 대응 원칙(距离—标记对应律)'을 제시하였다. 즉, 하나의 부가어(附加语)가 핵심에서 멀어질수록 뚜렷한 표지를 사용해서 그것과 핵심 사이의 의미 관계를 나타내야 한다. 왜냐하면 거리가 멀수록 둘 사이의 관계를 식별하기가 어렵기 때문에 더더욱 뚜렷한 표지를 사용해서 둘의 관계를 확실히 나타낼 필요가 있기 때문이다. 예를 들어 보자.

塑料 (的) 自动 (*的) 洗衣机
플라스틱(의) 자동(*의) 세탁기

그러나 거리-표지 대응 원칙 역시 앞서 제기한 루빙푸의 질의에는 답을 내놓지 않은 것으로 보인다. 왕위안제(王远杰 2008b)는 명사구에서 위치, 양, 부류를 확정하는 세 가지 관형어가 차례로 나타나는 자리를 구분함으로써 무표적 구조와 유표적 구조를 구분하고, 이를 통해 다항 관형어 '的'의 출현과 생략 원칙을 설명하는 새로운 아이디어를 내놓았다. '的'의 출현과 생략 원칙은 다음과 같다.

첫째, 이 세 가지 유형의 관형어 자리 사이에 '的'의 출현과 생략은 서로 영향을 미치지 않는다. 둘째, 동일한 관형어 성분이 다른 위치에 출현할 때, 무표적 어순의 위치에 있으면 '的'를 수반하지 않을 가능성이 더 높고, 유표적 어순의 위치에 있으면 '的'를 수반할 가능성이 더 높다. 예를 들면 아래와 같다.

[위치昨天桌子上他那(어제 탁자 위에 있는 그의 그)] [수량三个(세 개의)] [부류大

瓮(큰 도자기)] [핵심杯子(컵)]

'자리(槽位)'이론이 루빙푸의 위 질의에 답할 수 있다고는 하지만, 이는 단지 경향성의 개괄일 뿐이다. 류단칭(刘丹青 2008)의 대답은 더욱 간결하고 명료한데, 루빙푸(陆丙甫 1988)에서 제시한 내포관형어와 외연관형어에 대해 명확한 정의를 내리고, 아울러 '的'를 형식 표지로 삼았다. 내포관형어는 명사구 전체에 어휘적 의미 요소를 추가하는 관형어인 반면, 외연관형어는 명사구에 의미 지칭, 양화 속성을 부여하는 데 사용되어 그것이 구체적으로 가리키는 범위를 나타내고 외연을 분명하게 알려주는 데 사용된다. 내포관형어와 외연관형어는 형식적으로 대립을 보인다. 구체적으로 말하면, 모든 내포관형어(아래첨자 i)는 다 '的'를 가질 수는 있지만 반드시 수반하지는 않는 반면, 외연관형어(아래첨자 e)는 모두 다 '的'를 수반할 수 없다. 예를 들면 다음과 같다.

   [我(나의)]$_i$ [那件(그)]$_e$ [昨天买的(어제 산)]$_i$ [很厚的(두꺼운)]$_i$ [棉麻(면 린넨)]$_i$ 衬衫(셔츠)

이 이론은 상당히 유용하지만 또 새로운 의혹도 초래하였다. 장전야(张振亚 2013)는 내포관형어의 분포가 종종 불연속성을 드러낸다는 것을 발견했다.

   소유 관형어[내포] 수량 관형어[외연] '的'를 가진 관형어[내포] 핵심

소유관형어와 '的' 관형어는 함께 내포관형어에 속하는데, 왜 외연관형어에 의해 앞뒤로 두 개의 불연속적인 부분으로 잘리는가? 이 문제는 '的'가

붙는 관형어의 위치 문제와 관련이 있다. 이에 대해서는 제4장에서 상세히
서술할 것이다.

제3절 운율적 요인

뤼수량(呂叔湘 1942: 32, 제2장)은 운율의 긴장과 이완(긴밀함과 느슨함)이 '的'
의 출현과 생략에 미치는 영향을 가장 먼저 언급하였다. "주요 원칙은 결합
이 긴밀하면 '的'를 사용하지 않고(따라서 복합어에는 일체 사용하지 않음), 결합이
느슨하면 '的'를 사용한다"는 것이다. 예를 들면, '水红绸子(분홍 비단)'의 결
합이 '渺茫的歌声(아득한 노랫소리)'보다 조금 더 긴밀하다. 이 이론은 거리 도
상성 원칙과 거리-표지 대응 원칙의 서곡으로 볼 수도 있지만, 운율을 둘러
싼 후대의 연구는 또 다른 노선을 형성하였다.

쑤푸(肅父 1956)는 숙어와 비숙어를 사용하여 결합의 긴밀함과 느슨함을
설명하였다. 이 논문에서 숙어의 기준은 매우 넓어 '光荣行列(영광의 행렬)',
'强大阵营(강대진영)', '积极作用(긍정적 역할)', '辉煌成果(찬란한 성과)' 등도
모두 포함시켰는데, 이들은 일반적으로 모두 전형적인 숙어로 간주되지 않
는 것들이다. 하지만 이 이론은 시사하는 바가 크다.

뤼수샹(呂叔湘 1963)은 '的'가 없는 이러한 4음절의 명사-명사, 형용사-명사
조합은 아주 흔하며, 때에 따라서는 '的'자를 넣을 수 없거나(예: 外交礼貌(외교
관례), 绝对高度(절대고도)) 넣을 수 있더라도 일반적으로 넣지 않기(예: 经济基础
(경제기초), 高等教育(고등교육)) 때문에, "모두 약간 복합어 같기도 하다"는 견해
를 내놓았다. 이 논문의 공헌은 '的'의 앞뒤에 음절수가 다른 다양한 품사의

조합 방식에 대해 상세하게 묘사했다는 점이다.

저우런(周韌 2014)은 뤼수샹의 연구를 바탕으로 '的'자의 출현·생략과 운율의 관계 등을 추가로 논증하여 중국어 문법에서 쌍음절과 4음절의 대립이 확실히 존재함을 설명하였다. 또한 '的'가 관형어 표지로서 통사적, 의미적으로 가능한 경우에는 가급적 관형어-중심어 구조 전체의 중앙부에 위치함으로써 '的'자 좌우의 성분이 운율적으로 대략적인 평형과 균형을 유지하도록 한다고 주장하였다.

그러나 이는 류단칭(刘丹靑 2008a:11)이 제기한 '가장 앞부분은 생략한다(尽前省略)"는 주장과는 다소 차이가 있다. 류단칭은 "앞에 위치한 관형어, 특히 관형어의 가장 앞부분에 있는 소유어는 '的'를 생략하기가 가장 쉽거나 생략이 가장 필요하다. 하지만 핵심 명사에 바로 붙어있는 소유어는 '的'를 생략할 수 없다. 이외에도 다항 관형어의 경우, 명사와 구별사(형용사, 부사) 등으로 이루어진 비소유 속성의 관형어는 핵심 명사에 바로 붙어있는 경우에도 '的'가 없는 것이 일반적이다"라고 하였다. 예를 들어 보자.

다단계 관형어:
办公室(?的)王主任(的)要好朋友(的)外甥(*的)同学[17]
사무실(?의) 왕주임(의) 친한 친구(의) 외조카(*의) 동창

다항 관형어:
王主任(的)年纪很轻(的)在湖北老家经商(*的)远房(?的)亲戚
왕주임(의) 나이 어린 후베이 고향에서 사업을 하는 먼 친척

---

17) 저자주: "(?X)"의 의미는 'X'를 넣으면 문제가 됨을 의미하고, '?(X)'는 'X'를 생략하면 문제가 됨을 의미한다. 또 '(*X)'는 X를 넣으면 잘못임을 나타내고, '*(X)'는 X를 생략하면 잘못임을 나타낸다.

왕위안제(王远杰 2013)는 뤼수샹의 초기 긴장이완(松紧) 이론에 대해 더욱더 자세한 묘사와 설명을 하였다. 이 논문은 다음 두 구 사이에 '的'의 출현과 생략이 일종의 거울관계(镜像关系)[18]를 나타냄을 발견하였다. '他爸爸战友儿子的杯子(그의 아버지의 전우 아들의 컵)'에서는 뒤쪽으로 갈수록 '的'를 붙이기가 쉽고, '新大瓷杯子(자기로 만든 큰 새 컵)'에서는 앞쪽으로 갈수록 '的'를 붙이기가 쉽다. 이것은 저우런과 류단칭 두 사람의 견해와도 또 다르다. 이는 이 방면에 대한 연구가 아직도 더 심도 있게 진행되어야 함을 보여준다. 다만 분명한 것 한 가지는, '新大瓷杯子'는 구보다는 복합어로 봐야 한다는 점이다. 선쟈쉬안 외(沈家煊等 2014)의 말을 빌리자면, 구조관계의 긴장과 이완이 바로 '단어는 긴밀하고 구는 느슨하다(词紧语松)'라는 것이다.

제4절 복합어 문제

앞부분에서 여러 차례 복합어에 대한 논의를 언급한 바 있는데, 아래에서 간단히 정리를 해보고자 한다.

왕리(王力 1953)는 '铁路(철로)' 등은 "단일어(单词)도 아니고 두 개의 단어(词)도 아니므로 당연히 복합어(复合词)이다"라고 하였다. 이 '复合词'는 오늘날 일반적으로 '합성어(合成词)'라고 부른다.

주더시(朱德熙 1951 [1999])는 다음과 같은 예문에 대해 "'农民革命(농민혁명)'은 하나의 단어로 볼 수 있으므로 붙여놓아야 한다"고 주장하였다.

---

18) 역자주: 거울관계란 거울의 대칭성을 말한다.

历史上多少次农民(*的)光荣革命都失败了。

역사상 몇 차례 농민들의 영광스러운 혁명은 모두 실패했다.

주더시(朱德熙 1956)는 '白纸(백지)'와 같은 부류의 어휘에 '단어화 경향(单词化傾向)'이 있음을 다시 제기하였다. 앞에서도 판지옌(范继淹 1958)의 논증을 소개한 바 있다.

자오위안런(赵元任, Chao 1968: Ch. 6)은 복합어와 구를 구별하는 가장 중요한 검증 방법으로 '的'의 삽입 가능 여부를 꼽았다. '国际法(국제법)'이나 '保险箱(금고)'과 같이 조합 안에 점착성분이 하나라도 있으면 "결과는 당연히 복합어"라는 것이다. 또 '大人(어른)'이나 '元宝胡同(위안바오골목)'과 같이 두 부분이 모두 자립성분이더라도 중심어가 경성이면 역시 복합어(합성어)가 된다. 그런데 자립성분으로 구성되었지만 경성이 없는 경우는 다시 두 부류로 나뉜다. 하나는 '油纸(기름종이)'나 '汤勺儿(국자)', '保险公司(보험회사)'와 같은 것인데, 이 경우는 의미의 전문화 여부와 상관없이 "모두 복합어로 본다". 다른 하나는 '好书(좋은 책)'나 '酸苹果(신 사과)'와 같은 것인데, 자오위안런은 이를 "분명히 형용사-명사로 이루어진 구이다"라고 하였다. 그런데 뤼수샹(吕叔湘 1979:23 25)은 오히려 '大树(큰 나무)'와 같이 단어와 구 사이의 조합은 '复合词(복합어)' 또는 '短语词(구단어)'라고 부를 것을 제안하였다.

주더시(朱德熙 1982:148-149)는 형식적 특징의 관점에서 점착식(黏合式) 수식구조(명사, 구별사, 성질형용사 등 '的'를 가지지 않는 관형어)와 조합식(组合式) 수식구조(관형어가 '的'를 가지거나 지시사, 지시사-양사 구, 수사-양사 구)의 두 가지 범주로 구분하고, "점착식 수식구조는 기능적으로 하나의 명사에 해당한다"고 보았다. 이는 구조주의의 분포의 원칙에 따라 점착구조가 복합어의 특성을 가지고 있음을 실증한 것이다.

장민(张敏 1996)은 주더시의 관점을 '중국어 복합명사 가설(汉语复合名词假说)'로 발전시켰다. 그 골자는 중국어에서 명사를 중심으로 하는 구조에서, 그 관형어가 '的'를 붙이지 않은 명사나 구별사, 형용사, 또는 동사이거나, 관형어가 지시성분과 수량구조를 포함하지 않으면, 그 구조는 명사성 복합어라는 것이다.

완취안(完权 2014)은 또 통사, 화용 그리고 음성적인 증거에 근거하여 수식 관계의 단어에서부터 구에 이르기까지 다음과 같이 정합도가 높은 것에서 낮은 것으로 이어지는 연속 통일체가 존재한다고 주장하였다.

[복합명사 연속체]

	어휘화 복합어(합성어)		大车 짐차
정합도 높음	문맥 자유 복합어	고정된 구조	侦察小组 정찰조
		느슨한 구조	漂亮姑娘 예쁜 아가씨
	문맥 의존 복합어	문장 속에서 사용	领导手 지도자 손
		임시로 만든 단어	以往沉寂 지난날 고요함
정합도 낮음	구('的'를 반드시 사용)		红红的太阳 붉은 태양

참조체 구조의 분석에 따르면, 'X的Y'에서 X는 참조체이고 Y는 목표체이므로, 이들의 어휘 표상은 필연적으로 하나의 정합된 개념이며, '的'는 이 두 개념을 연결하는 참조체 표지가 된다. 정합의 개념에는 긴밀함과 느슨함의 차이가 있을 수 있지만, 질적 한계는 바로 '的'의 삽입 여부이다. '的'가 삽입되지 않은 것은 정합된 두 개념의 긴밀함과 느슨함의 정도가 서로 다른 복합어이고, '的'가 삽입된 것은 두 개념이 조합되어 이루어진 참조체 구조인데, 문법적으로는 이를 구로 분석한다.

쑨차오펀(孙朝奋, Sun 2016)도 이와 유사한 중국어 명사구의 형식 의미쌍 연속체를 논증하였다. 여기서 '的'는 명사구의 문법 표지로 간주되는데, '的'를 사용하지 않으면 이 단어가 유일한 개념 또는 유형/부류/집합 개념과 연결되어 있음을 나타낸다. 이를 표로 정리하면 다음과 같다.

어휘화 ('的'를 사용하지 않음)

↑	a. 고유명사	유일한 개념
	b. 보통명사	점착형태소 수반, 유형/부류 개념
	c. 유사 단어 명사	자유형태소 복합어, 유형 개념
	d. 유사 단어 집합 표현	자유형태소 복합어, 유형 개념
	e. 유사 구명사	자유형태소 복합어, '的' 부분집합을 수반
	f. 유사 구 집합 표현	자유형태소 복합어, '的' 부분집합을 수반
	g. 수식을 받는 명사구	'的' 부분집합을 수반
↓	h. 명사화	지칭하는 요소가 없음

명사구 (반드시 '的'를 사용)

루쉬 외(陆烁等 2016)와 루쉬(陆烁 2017)는 형식의미론의 의미유형론에 근거하고, 황스저(黄师哲, Huang 2006, 2008, 2013)의 연구를 기반으로 "de를 넣지 않은 관형어-중심어 구조는 단어이고, de를 넣은 관형어-중심어 구조는 구이다"라는 결론을 내렸다.

제5절 생성문법론적 연구

복합어에 관해서는 생성학파 중에도 비슷한 관점을 가진 학자들이 있다.

탕즈전(湯志真, Tang 1983)은 중의성 테스트 방법을 제시하였다. '好的学生的 宿舍'는 중의적인데, 이는 복합어를 사용하여 '好的 | 学生宿舍(좋은 | 학생 기 숙사)'와 '好学生 | 的宿舍(좋은 학생 | 의 기숙사)'라는 두 개의 비중의적인 구로 나눌 수 있다. 중의성 테스트는 복합어가 개념적으로 하나로 통합되어 있음 을 설명한다. 탕즈전(湯志真, Tang 1990)은 중국어의 AN 조합의 경우 명사구 가 아닌 복합어라는 점도 분명히 했다. 다음은 그가 비교한 예문들이다.

那一个大饼 그 하나의 밀가루 떡	那一个大的饼 그 하나의 큰 떡
*那一个很大饼	那一个很大的饼 그 하나의 매우 큰 떡
*大那一个饼	大的那一个饼 큰 그 하나의 떡

'大饼(밀가루 떡)'은 복합어이기 때문에 '大'는 정도부사의 수식을 받을 수 도 위치를 변경할 수도 없다. 하지만 '大的(큰)'는 이러한 제약을 받지 않는다.

정리산(郑礼珊, Cheng et al. 1998)은 비개체양사와 개체양사 뒤 '的'의 출현 과 생략을 논의하면서, '五碗的汤(다섯 그릇의 국)'은 성립하지만 '*十只的盆' 은 성립하지 않는다고 하였다. 이에 대한 이 논문의 설명은 중국어 명사구를 양사구(ClP)로 분석한 데 바탕을 두고 있다. 다음 두 그림의 예문을 비교해 보자.

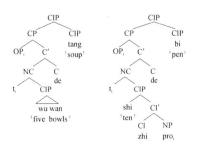

‘五碗的汤(다섯 그릇의 국)’은 명사성 소절(nominal small clause)인 ‘汤五碗(국 다섯 그릇)’을 관계화[19]하면서 주어인 ‘汤(국)’을 추출함으로써 파생된 것으로, ‘的’가 CP의 핵심이 된다. 하지만 ‘*十只的盆’은 ‘盆十只(대야 열 개)’의 관계화를 통해 생성될 수가 없는데, 이는 개체양사 ‘个’의 부가어 위치에 있는 공대명사 pro가 ClP의 Cl 위치에 들어갈 수 없으므로 관계화가 진행될 수 없기 때문이다.[20]

그러나 왕위안제(王远杰 2008a)는 이러한 분석이 유지되기 위해서는 몇 가지 특별한 가정을 설정해야 하고, 또 ‘(看了)三天的书(사흘 간의 책(을 보았다)’에 대응하는 명사절 ‘*书三天’이 없다는 점을 예로 들면서 동량성분인 ‘的’의 출현과 생략을 설명할 수가 없다고 지적했다. 그리하여 그는 위 3.2절에서 소개한 ‘자리’ 이론을 제기하게 된다.

제6절 ‘的’자 구조의 출현과 생략 유형

쓰푸전(司富珍 2004)은 ‘的’자 구조를 6가지 유형으로 요약하였고, 정리산(郑礼珊, Chenget al. 2009)은 7가지 유형으로 요약하였다. 그런데 필자의 관찰에 따르면, 만약 ‘的’의 출현과 생략을 구분하게 되면 명사구 안에서의 ‘的’의 분포는 실제로 더 많은 유형을 포함한다.

‘的’자 구조의 유형은 아래의 표로 요약할 수 있다. 여기에서는 반드시 ‘的’를 사용해야 하는 경우와 ‘的’를 사용할 수 있는 경우, 그리고 ‘的’가 이

---

19) 역자주: 관계화는 관계관형절을 만드는 것을 의미한다.
20) 저자주: 진징(金晶 2016)은 도량구 MP(measure phrase)에 대한 최신 연구로, 중국어 ‘도량구+的+명사’의 표현을 양화, 수식, 추상의 세 가지 범주로 나누었다.

미 출현한 경우를 열거하였다. 앞의 논술에 따르면, '的'를 사용한 것과 사용하지 않은 것의 대응 용례를 각각 구와 복합어로 볼 수 있다. 표의 전반부는 관형어의 각도에서 본 것이고 후반부는 중심어의 각도에서 본 것으로, 양자는 쌍선으로 구분하였다.

	'的' 사용 필수	'的' 사용 가능
명사구 관형어(소유격 포함)	北京的天气 베이징의 날씨 以前的总统 이전의 총통	木头(的)桌子 나무(로 된) 탁자 我(的)脚 내(나의) 발
동사구 관형어	吃的东西 먹는 것 看的电影 본 영화	剩(的)饭 남은 밥 学习(的)计划 학습(의) 계획
형용사구 관형어	金灿灿的麦田 금빛 찬란한 보리밭 漂漂亮亮的衣服 아주 예쁜 옷	新(的)书 새 책 漂亮(的)衣服 예쁜 옷
지시사 관형어	这样／那样的人 이런/저런 사람 怎么样／哪样的人 어떤 사람	怎么样(的)一个人 어떤 한 사람 这样(的)东西 이런 물건
수량사 관형어		两箱子(的)书 두 상자(의) 책 七百位(的)专业红娘 700분(의) 매칭전문가
전치사구 관형어	对儿子的态度 아들에 대한 태도 在操场上的学生 운동장에 있는 학생	
가짜 관형어	他的篮球打得好 그는 농구를 잘 한다 他看了一个小时的图片 그는 한 시간 동안 그림을 보았다	
관계절	烧塌了的房子 불 타서 무너진 집 我拟定的计划 내가 짠 계획	

무공백 관계절	毒蛇咬的伤口[21] 독사가 문 상처 他唱歌的声音 그가 노래 부르는 소리	
동위절	我去国外旅行的计划 내가 외국으로 여행하는 계획 三姐妹香港聚会的新闻 세 자매가 홍콩에서 모이는 뉴스	
동사 중심어 (형용사 포함)	这本书的出版 이 책의 출판 面向基层的扶贫帮困 하층민에 대한 빈곤 구제	
대명사 중심어	普通的我 보통의 나 现在的这里 지금의 이곳	
중심어 생략	我喜欢大的包, 他喜欢小的。 나는 큰 가방을 좋아하고, 그 는 작은 것을 좋아한다. 他的衣服是蓝色的。 그의 옷은 파란색이다.	
중심어 없음[22]	大星期天的 일요일에 真有你的 너 정말 대단하다	

제7절 '地'의 출현과 생략

'的'의 출현과 생략에 대한 연구가 주로 명사구에 집중되어 있지만, 판지

---

21) 저자주: 가장 흔히 보이는 관계화의 결과는 관계절(relative clauses) 내부에 하나의 통사적 공백(gap)을 만드는 것인데, 무공백관계절(gapless relative clauses)에는 이 공백이 없다.
22) 저자주: 서로 다른 성질에 따라서 더 추가적인 분류를 할 수 있다.

옌(范继淹 1958)은 사실상 AV 부사어-중심어 구조 속의 '地'도 함께 고려하여, 그것이 AN 관형어-중심어 속의 '的'와 마찬가지로 다항식 수식어에서 동일한 '종합성(可综合性)'을 가지고 있다고 주장하였다.

루빙푸(陆丙甫 2004) 역시 '地'가 거리-표지 대응 원칙의 제약을 받는다고 지적하면서 다음의 예를 들었다.

他在图书馆认真(地)看书。그는 도서관에서 열심히 책을 본다.
他认真*(地)在图书馆看书。그는 열심히 도서관에서 책을 본다.

이러한 관형어-중심어 구조와 부사어-중심어 구조 사이의 평행성은 '的'가 형태소로서 나누어져서는 안 되고 합쳐져야 한다는 것으로, 보편성이 특수성보다 더 크다는 증거이기도 하다.

제
4
장

위치

위치

'的'자 구조의 위치 문제는 관형어의 어순 문제에 종속되며, '的'의 출현 과 생략 그리고 문법적 의미와 모두 관계가 있다.

제1절 위치와 출현·생략

'的'의 위치는 '的'의 출현·생략과 관련이 있다. 앞에서 언급한 '的'의 출 현·생략 조건에 대한 왕위안제(王远杰 2008b)의 개괄은 위치 요소를 포함한 다. 순차적으로 배열된 위치, 수량, 부류라는 세 가지 자리 가운데 위치 결정 성이 특히 강한 관형어('这', '那')는 부류를 나타내는 자리에는 위치할 수 없 고, 위치를 나타내는 자리에 단지 '的'가 없는 형식으로만 출현할 수 있다. 부류 결정성이 특히 강한 관형어('语文')는 위치를 나타내는 자리에는 위치할 수 없고, 부류를 나타내는 자리에 단지 '的'가 없는 형식으로만 위치할 수 있다. 비교를 통해 살펴보자.

那个杯子 그 세 개의 컵　　*语文三个老师

*那的三个杯子　　　*语文的三个老师

*三个那杯子　　　　三个语文老师 세 명의 국어선생님

*三个那的杯子　　　*三个语文的老师

그러나 다음의 예들은 일부 '的'자 관형어가 위치나 부류를 나타내는 자리에 자유롭게 출현할 수 있음을 보여준다.

三个**戴眼镜的**学生 세 명의 안경을 쓴 학생
戴眼镜的三个学生 안경을 쓴 세 명의 학생

이후의 연구에서는 이러한 현상을 어순전이(漂移) 현상이라고 불렀는데(刘丹青 2008a), 이는 '的'자 구조의 위치 문제 연구에서 주요 연구 대상이 되었다.

제2절 위치에 따른 의미 차이

이 문제는 뤼수샹이 가장 먼저 발견하였다. 그가 집필한 딩성수 외(丁声树等 1961)의 제6장에서는 다음과 같은 예문을 비교했다.

我把**新买的**那支钢笔丢了。
나는 **새로 산** 그 만년필을 잃어 버렸다.(내가 만년필을 또 가지고 있음을 암시)
我把那支**新买的**钢笔丢了。
나는 그 **새로 산** 만년필을 잃어 버렸다.(아무것도 암시하지 않음)

뤼수샹에 따르면, 일반적으로 지시대명사의 위치23)는 수식어를 구분할

---

23) 저자주: 뤼수샹은 특별히 수량사가 이와 무관하다고 지적하였지만, 왕위안제(王远杰 2008b)

수 있다. 즉, 지시대명사의 앞에 있는 것은 묘사보다는 제한(선택) 작용이 많고, 지시대명사의 뒤에 있는 것은 제한보다는 묘사 작용이 많다. 그런데 예외도 있다. 예를 들면, 아래의 '又粗又黑的(거칠고 검은)'와 같은 것들은 어디에 위치하든 모두 묘사의 작용만 있을 뿐이다.

　举起他那双**又粗又黑的**手
　그의 그 한 쌍의 거칠고 검은 손을 들어
　举起他那**又粗又黑的**一双手
　그의 그 거칠고 검은 한 쌍의 손을 들어
　举起他**又粗又黑的**那双手
　그의 거칠고 검은 그 한 쌍의 손을 들어

그런데 특정 문맥에서는 지시대명사 뒤에 있는 수식어의 제한 작용도 현저해질 수 있다.

　我把那支**新买的**钢笔丢了，只能还使那支旧的了。
　나는 그 새로 산 만년필을 잃어버려서, 그 헌 것을 그냥 사용할 수밖에 없다.

주의할 점은, 여기서 말하는 제한과 묘사는 '的'가 아닌 관형어 전체의 역할을 말한다는 것이다.(제5장 참조)

이상의 논술에서, '的'자 관형어의 무표적인 일반 의미는 묘사성이지만, 암시를 하거나 문맥에서 전환지칭의 '的'자 구조를 대구적으로 사용하는 등의 화용적 요소를 통해 제한성이 증가된다는 것을 설명하였다.(제6장 참조) 연구가 필요한 것은 이러한 '的'자 관형어에 묘사성이 있는가의 문제이다.

의 예는 수량사를 포함하고 있다. 수량상의 역할에 대해서는 계속 연구할 가치가 있다.

자오위안런(赵元任, Chao 1968:5.3.6.2)도 상대 위치(relative position, 相对位置)24)와 무관한 '的'자 수식어는 묘사성을 가진다고 가장 먼저 지적하였다.

> **可怜的**孩子! 饿了也没的吃。
> 불쌍한 아이! 배가 고파도 먹을 것이 없구나.

그러나 다른 수식어와 함께 출현할 경우에는 위치가 용법(use)을 결정한다.

> 那位**戴眼镜儿的**先生是谁? (묘사성 descriptive)
> 저 안경 쓴 선생님은 누구입니까?
> **戴眼镜儿的**那位先生是谁? (제한성 restrictive)
> 안경 쓴 저 선생님은 누구입니까?

부사어 안에서도 이 두 가지 용법의 구분이 있다.

> 这样**来回的**看 (묘사성)
> 이렇게 왔다 갔다 하면서 보다
> **来回的**这样看 (제한성)
> 왔다 갔다 이렇게 보다

이는 이러한 위치 차이로 인한 의미 차이가 명사의 수식어나 관계절에 국한되지 않음을 보여준다. 또한 이는 '的'자가 나누어선 안 되고 합쳐져야 한다는 또 다른 증거이기도 하다.

---

24) 역자주: 원래 자신에게 있어야 할 위치에 대한 참조점으로 그 참조점의 주변 사물을 기준으로 결정된다. 일반적으로 지리적 사물의 시공간 관계를 정성적으로 설명하며, 주로 자연적인 비교 우위의 특성을 밝히는 데 그 가치가 있다.

자오위안런은 또 다른 의미 차이를 발견하였다.

那个**爱说话的**人。그 말하기 좋아하는 사람. (영구적인 특징)
穿黑大衣的那个人。검은 외투를 입은 그 사람. (일시적인 특징)

이것이 루빙푸의 '의미 인접 원칙(语义靠近原则)'25)의 발단이다.(제4장 4절 참조)
뤼수샹(吕叔湘 1985:212-214)은 지시사와 기타 관형어의 위치 관계를 한층
더 탐구하여 그 안의 계층 관계를 다음과 같이 귀납하였다.

这, 那 + (관형어 + 명사)
(관형어 + 这, 那) + 명사

의미와 관련하여 뤼수샹은 "일반적으로 '这'나 '那'가 관형어 뒤에 있으면
그 관형어는 제한 작용이 있고, '这'나 '那'가 앞에 있으면 그 구는 오직 묘
사 작용만 있다"라고 개괄하였다. 이때 '오직 ~만'이라는 문구는, 묘사와 제
한이 결코 단순한 이원적 대립이 아니라 다음과 같은 비대칭적인 대응관계
를 나타낼 수 있다고 보는 뤼수샹의 인식을 설명해 준다.

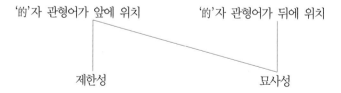

25) 역자주: 의미 인접 원칙은 다른 조건이 같을 때 의미적으로 핵심에 가까운 성분일수록 통사
   적 위치도 핵심에 가까움을 의미한다. 핵심의 내재적이고 안정적인 의미를 나타내는 수식어
   일수록 핵심에 가깝다.

바꾸어 말하면, '的'자 관형어는 위치에 상관없이 모두 묘사성을 가진다는 것이 의미적 특징이다.(陆丙甫 2003 참조) 하지만 위치가 앞일 때는 제한성이 더욱 뚜렷해지는데, 이것은 화용적 특징이다.

제3절 빈도

뤼수샹(吕叔湘 1985)에서는 앞에서 말한 두 형식의 출현 빈도에 대해서도 관찰을 하였다. 묘사성 관형어의 위치는 '那位胖胖的小姐(그 뚱뚱한 아가씨)'와 같이 대부분 '这'와 '那'의 뒤이다. 그런데 동사구가 관형어가 되면 이러한 차이가 없는데, '这'와 '那'가 뒤에 있는 예문 중에서는 '那'가 '这'보다 많다. 하지만 '的'자 구조가 주술구로 구성되어 있다면 지시사는 '뒤에 위치하는 것이 일반적이다'. 선자쉬안(沈家煊 1999b:33)은 유표성 이론(Markedness Theory)[26]을 사용하여 지시사가 앞에 있는 것은 무표적 어순이고, 지시사가 뒤에 있는 것은 유표적 어순이라고 개괄하였다.

'的'자 구조의 어순도 관형어 어순의 일반적인 원칙에 부합해야 한다. 위안위린(袁毓林 1999)은 관형어의 어순 문제를 해결하기 위해 '대립항 원칙(对立项原则)'을 제안했는데, 그 핵심은 대립항이 적은 것이 대립항이 많은 것보다 앞에 온다는 것이다. 즉, 정보량이 적은 것이 정보량이 많은 관형어의 앞에 위치한다는 것이다. 이것은 간단한 것에서 복잡한 것으로, 쉬운 것에서

---

26) 역자주: 유표성 이론은 구조주의 언어학에서 야콥슨이 주로 변별 자질(distinctive features)의 유무를 가지고 음소를 정의한 것에서 시작된 것으로 알려져 있다. 이후에 다른 다양한 분야로도 확대되어 폭넓게 사용되고 있다. 통사론에서 유표성 이론은 주로 개별 언어의 어순 연구에 많이 활용되고 있다. 영어와 중국어의 무표적 어순은 주어-술어-목적어이고, 한국어의 무표적 어순은 주어-목적어-술어이다.

어려운 것으로 이르는 인지법칙과 일치한다. 그렇다면 지시사의 대립항은 '这', '那' 두 가지에 불과하지만, '的'자가 포함된 각종 묘사성의 관형어는 훨씬 풍부하다. 따라서 당연히 지시사가 앞에 오는 것이 일반적인 무표항이 된다. 이것이 관형어의 어순에 대한 보편적 해석이다.

루빙푸(陆丙甫 2003)의 견해는 '的'에 초점을 맞춘 전문적인 해석으로 볼 수 있다. 이 논문에서 제시한 '的'의 기본 기능은 의미 영역에서 묘사하는 것으로, 특정한 문맥에서는 제한이나 지칭의 기능도 파생시킬 수가 있다. 예를 들어보자.

    a. 那只白的狗 그 흰 개
    b. 白的那只狗 흰 그 개

'白的(흰)'의 기본 기능은 바로 a식에서의 묘사이며, 특정한 문맥에서는 '那只((동물)그)' 앞으로 이동하여 제한의 의미를 나타낼 수도 있다. 의미적 요인은 화용적 요인보다 상대적으로 더 안정적이다. 따라서 a식은 일반적인 무표항이므로 출현 빈도가 높고, b식은 특수한 원인으로 만들어진 유표항이므로 출현 빈도가 낮다.

성야난·우푸원(盛亚南·吴芙芸 2013)은 중국어 구어에서 지시사-양사 구조가 주어 관계절·목적어 관계절과 함께 출현할 때의 비대칭 분포를 고찰한 결과, 지시사-양사 구조가 주어 관계절에서는 앞에 위치하고 목적어 관계절에서는 뒤에 위치하는 경향이 있음을 발견하였다. 이 현상의 발견은 앞서 언급한 유표성 이론을 좀 더 세분화한 것이다. 주술구로 구성된 '的'자 구조가 '뒤에 위치하는 것이 관례'라는 이론적 근거에 대해서는 더 많은 연구가 필요하다.

제4절 식별도 선도 원리

루빙푸(陆丙甫 1998, 2005)는 관형어의 어순을 설명하기 위해 서로 연관된 '의미 인접 원칙(语义靠近原则)'과 '식별도 선도 원리(可別度领前原理)'의 사용을 제안하였다. 의미 인접 원칙'이란 의미적으로 '안정성(稳定性)'과 '내재성(内在性)'을 가진 성분일수록 명사와 더욱 가깝다는 것을 의미한다. 예를 들어, '红'이 '我的'에 비해 더 안정적이고 내재적인 특징이기 때문에 '我的红苹果(나의 빨간 사과)'는 성립하지만, '红我的苹果'는 성립하지 않는다. 이 원칙은 앞의 제2절에서 서술한 것으로, 자오위안런이 발견한 '영구성(永久性)과 일시성(暂时性)'의 대립도 설명할 수 있다. 이 현상에 대해 천종리(陈宗利 2007)는 생성문법의 해석을 제공하였다.

'식별도 선도 원리'의 서술 가운데 하나는 '다른 모든 조건이 동일하다면, 관형어가 속한 명사구의 식별도에 대해 기여도가 높은 관형어가 기여도가 낮은 관형어에 항상 선행한다'는 것이다. 다시 말해, 식별도가 높은 성분이 식별도가 낮은 성분보다 어순에서 앞서야 한다. '我'가 '红'보다 식별하기가 더 쉽기 때문에, '我的红苹果'는 성립하지만 '红我的苹果'는 성립하지 않는다.

이 원리는 또한 나아가 '대립항 원칙(対立项原则)'에 대해서도 설명하였는데, 이는 대립항이 적을수록 식별하기가 더 쉽기 때문에 식별도가 더욱 높아진다는 것이다.

이 생각의 실마리를 따라 심도 있는 연구를 통해 장전야(张振亚 2013)는 다음과 같은 현상을 설명하였다.

*红的我的苹果
年轻、精力旺盛的我的祖父 젊고 원기 왕성한 우리 할아버지

用以色列国旗覆盖着的拉宾的灵柩 이스라엘 국기로 덮여 있는 라빈의 관

묘사성의 '的'자 관형어가 소유격의 관형어 앞에 위치하는 것은 일반적으로는 문법에 맞지 않지만, 실제 코퍼스에는 그 예가 적지 않다. 이 논문은 명사구가 유일무이한 지칭 대상이어서 그것을 가리킬 필요가 없을 경우에만 비로소 '的'를 가진 아주 긴 관형어가 앞에 놓이고, 이를 통해 '배불뚝이(大肚子)' 구조가 만들어지는 것을 피하고 구조의 난이도를 낮추는 효과에 이른다는 것을 확인했다.

제5절 관계절

관계절은 '的'자 관형어의 일종에 불과하지만, 관계절의 위치에 대한 연구 역시 독특한 연구 주제이다. 연구 초점 가운데 하나는 중국어 관계절의 제한성 유무이다.

일반적으로 제한성(restrictive)과 비제한성(non-restrictive)은 관형어의 두 가지 화용적 기능이다. 원형의 핵심 명사가 가리키는 범위를 한정·축소하지만 축소된 뒤에도 전체 NP의 총칭적 지시성(类指性)이 바뀌지 않는 경우, 여전히 제한성 수식어에 속한다. 원형의 핵심 명사가 가리키는 범위를 한정 또는 축소하지는 않지만, 전체 NP가 더 이상 총칭적 지시를 나타내지 않는 경우는 비제한성 수식어에 속한다.

'这／那本**我昨天买的**书(이／저 내가 어제 산 책)'에서 관계절은 제한적이고, '**我昨天买的**这／那本书(내가 어제 산 이／저 책)'에서 관계절은 비제한적이라고 보는 견해도 있다.[27] 그런데 또 그 반대라는 견해도 있다.(陈玉洁 2010:293)

결론의 차이가 이처럼 크다는 것은 이것이 가짜 문제일 가능성이 있음을 의미하며, 문제의 핵심이 관계절 자체에 있는 것으로는 보이지 않는다. 관계절 자체에 대하여, 팡메이(方梅 2004)는 구어체 연구를 바탕으로 구어에서 사실의 출현을 위한 전치 관계절의 특징을 제시하였다. 전치 관계절은 의미가 가장 모호해서 장거리 대용(回指)28)이 필요한 곳에 사용되든, 아니면 이야기에서 중요한 명사가 가리키는 것을 묘사하는 데 사용되든 상관없이, "**모두 다** 이미 알려진 대상을 식별하는 데 사용되는 한정성을 지니고 있다"는 것이다. 그런데 '他'를 관계대명사로 하는 후치 관계절은 제한성을 갖지 않는다.29)

취청시(屈承熹 2005:330-338)의 견해 역시 이와 유사한데, 그는 또한 관형어의 이동이 관계절의 의미에 영향을 줄 수 있음을 인정한다. 이러한 상관성이 생기는 이유는 각 지시사의 기능이 서로 다르기 때문이며, 중국어는 관계절 자체가 제한성 여부를 구분하지 않기 때문이라는 것이 그의 해석이다. 중심명사가 '한정(定指)'적이면 관계절은 '한정기능(限定功能)'을 가지고, 중심명사가 '비한정(非定指)'적이면 관계절은 묘사하고 기술하는 데 쓰인다.

핵심 명사 결정론에 대해서는 탕정다(唐正大 2006)에서 더욱 상세히 다루고 있다. 논문은 '写过『狂人日记』的鲁迅(『광인일기』를 쓴 루쉰)'을 예로 들면서 고유명사가 핵심인 관계절은 모두 비제한적이라고 했다. 또 '老张喜欢的儿子(라오장이 좋아하는 아들)'을 예로 들면서 수식어 의존형 명사를 핵심으로

---

27) 저자주: 취청시(屈承熹 2005:330)에서 재인용.
28) 역자주: 대용(代用)은 문장 속에서 앞에 나온 단어를 가리키거나 그것을 대신하기 위해 다른 단어를 쓰는 것으로, 예를 들어 I disagree and so does John에서 does를 쓰는 것과 같은 방법을 말한다.
29) 저자주: 취청시(屈承熹 2005)도 영어의 비제한적 관계절을 후속절로 번역하였는데, 대부분의 연구는 전치 관계절만을 고려한다.

하는 관계절은 모두 제한적이라고 했다. 그리고 기타 명사의 관계절은 모두 '吃螃蟹的毛利人(게를 먹는 마오리 사람)'과 같이 두 가지 모두로 이해될 수 있다고 하였다.

그런데 가장 근본적인 문제는 중국어에서 동사구에 '的'를 붙인 관형어가 반드시 단문에서 하나의 논항을 추출하여 관계화 한 관계절이어야 하는지 여부이다. 장보쟝(张伯江 2014)은 다음과 같은 예를 발견한다.

> 所以小时候就是想做一个好演员, **做灯光开得最亮的**演员, 做一个唱大轴的领衔主演, 有前途的演员。
> 그래서 어렸을 때는 좋은 배우, 가장 밝은 조명을 받는 배우, 피날레를 장식하는 주연배우, 전도유망한 배우가 되고 싶었다.(叶少兰『岁月』)

밑줄 친 구절은 '演员灯光开得最亮' 또는 '灯光开得演员最亮'으로 환원할 수 없는데, 이는 이 관형어가 논항 추출에서 비롯된 것이 아님을 말해준다. 이와 유사한 예는 '销量最好的歌手(판매량이 가장 좋은 가수)', '停车最难的超市(주차가 가장 힘든 슈퍼마켓)', '工作不好找的专业(취직이 쉽지 않은 전공)' 등 상당히 많다. 화제구조의 관계화에 대해서는 천핑(陈平 1996)과 류단칭(刘丹青 2009)을 참고할 수 있다.

장민(张敏 2017)은, 엄밀히 말해 '的'자 관형어절은 관계절로 볼 수 없고, 콤리(Comrie)[30]가 말한 '일반적인 명사 수식어절 구조(generalized noun-modifying clause construction)'에 해당되는데, 이는 동아시아 언어에서는 흔히 볼 수 있다고 하였다. '的'는 일반적인 관형어 표지라고 할 수밖에 없다.

---

30) 역자주: 저명한 언어유형론자. 라이프치히의 막스 플랑크 진화 인류학 연구소 언어학과 소장 및 캘리포니아 대학교 산타 바바라 언어학과 교수 역임.

따라서 '的'자 관형어의 위치에 대한 고찰은 인도유럽어적 관점의 관계절에 국한되어서는 안 된다.

제6절 텍스트와 인지

위에서 소개한 연구는 기본적으로 모두 구와 문장의 단계에 초점을 맞추고 있는데, 완취안(完权 2012b)은 시야를 텍스트로까지 확대하였다. 이 논문은, 구의 내부에서만 보면 '的'자 관형어(관계절 포함)의 위치가 유연하지만 텍스트에서는 이 두 가지 형식이 모두 제각각이라는 것을 발견했다. 예를 보자.

> 他不再思考旁的事情了, 他昏昏沉沉地感到他**那身旧衣服**已不可能再穿了, **新的那身**也变旧了, 他的衬衣破烂了, 帽子破烂了, 就是说, 他的生命也破烂了。
>
> 그는 더 이상 다른 일을 생각하지 않았다. 그는 자신의 그 낡은 옷이 이미 더 이상 입을 수 없게 되었고, 새로운 그 옷도 낡아졌으며, 자신의 셔츠는 너덜너덜해졌고, 모자도 다 떨어져 너덜너덜해졌다는 것을 어렴풋이 느꼈다. 즉, 자신의 생명도 너덜너덜해졌음을 느꼈다.

이 문맥에서 '那身旧衣服(그 낡은 옷)'는 '旧的那身衣服'로, '新的那身(새로운 그 옷)'은 '那身新的'로 바꿀 수가 없다. 이를 통해 '的'가 있는 내포관형어와 지시사로 이루어진 외연관형어의 위치 관계는 텍스트적 요인에 의해 결정된다는 것을 알 수 있다. 관형어의 위치는 텍스트 안에서 전체 명사구의 위치에 대해 민감한데, 그 인지적 기초는 인지적으로 고정화(grounding)[31]된 현

---

31) 역자주: Langacker(1999/2001:57, 331, Grammar and Conceptualization: Mouton de Gruyter/김종도·나익주 역, 『문법과 개념화』, 박이정, 2001)는 고정화를 "화행과 화

재 발화 공간이 참조체를 선택한다는 것이다.(제8장 참조) 지시사 관형어가 앞에 오는 것은 일반적으로 직접 지시를 통한 고정화(deicitic grounding)에도 사용될 수도 있고, 회고를 통한 고정화(retrospective grounding)[32] 대신 사용될 수도 있다. 하지만 지시사 관형어가 뒤에 오는 것은 회고를 통한 고정화에만 사용된다. 따라서 전자는 사용 빈도가 높고 '的'자 관형어가 묘사성을 나타내지만, 후자는 사용 빈도가 낮고 '的'자 관형어의 묘사가 곧 참조체가 되기 때문에 구별성을 나타낸다.[33]

싱샤오위(邢晓宇 2015)는 이를 바탕으로 더 광범위한 조사를 진행했는데, 이 역시 참고할 만하다.

행 참여자, 화행의 직접 환경을 지시하는 방법"이라고 하였다. Taylor(2002/2005:380, Cognitive Grammar, The Oxford University Press/임지룡·김동환 역, 『인지문법』 한국문화사, 2005)에 따르면, 발화 사건의 문맥을 '고정체'가 되며, 고정화는 어떤 사건이나 실체를 고정체에 '위치 부여'하는 과정이다. 다시 말해, 고정화는 사건이나 사물을 시간적 또는 공간적으로 화자(발화)와 연결하는 것이다. Langacker(1999/2001:57, 331)는 고정화 요소를 '직시적 참조점'이라고 하였다.

32) 역자주: Givón(2005: 91-148)은 텍스트의 응집성이 고정화의 요건으로, 문맥 기억의 인지적 장면(이전의 담화 틀) 속에 들어갈 수 있다고 보았다. 이때 회고 대상은 스토리 기억 속에 존재하고 청자가 알고 있다고 화자가 생각하는 접근 가능한 특성이다. 텍스트에서 흔히 말하는 전방 조응 대상이 회고를 통한 고정화의 가장 전형적인 경우이다.(完权, 「指示词定语 漂移的篇章认知因素」, 『当代语言学』 제4기, 2012에서 재인용)

33) 역자주: '的'의 인지적 고정화 기능에 관해서는 제5장 제7절에서 다시 논하고 있다.

동작의
결과성

동작의 결과성

본 장은 앞부분에서 이미 다룬 제한성과 묘사성 문제의 연속으로, '的'의 기본 기능을 어떻게 요약할 것인가에 대해 탐구하는 것이 핵심 문제가 된다. 여기서 중요한 두 가지 관점은 '구별(区別)'론과 '묘사(描写)'론이다.

제1절 '구별'론

*好好衣服　　　　　　　　　好好的衣服 아주 좋은 옷
好好一件衣服 아주 좋은 옷 한 벌　　　*一件的衣服

구별론을 주장한 대표적인 학자인 스위즈(石毓智 2000)는 위의 용례에 근거, 개체양사는 '的'와 함께 출현할 수 없으므로 개체양사의 용법에 근거하여 추정할 수 있는 '的'의 기능은 "하나의 인지 영역 안에서 구성원을 확립해 내는 것"이라고 하였다.

그런데 이러한 구별론은 반례가 적지 않다. '108只的白鹭鸶(108마리의 백로)', '七八棵十来棵的橘子树(일곱 여덟 그루 열 그루 가량의 귤나무)'와 같이 개체양사도 '的'를 수반할 수가 있기 때문이다.(刘丹青 2008) '구별'에서 '별(別)'자

의 어휘 의미가 이미 차이를 나타내는데, 그렇다고 하더라도 구별 표지 '的'
는 반드시 붙여야 한다.(陆丙甫 2003) 그런데 구성원의 직시성을 확립하는 전
형적인 단어인 '这', '那'에는 오히려 '的'를 붙일 수가 없다.(王冬梅 2009)

구별론의 논증 역시 재고의 여지가 있다. '하나의 인지 영역에서 구성원
을 확립한다'는 것의 논리적 전제는 먼저 인지역 'Y'가 존재해야 한다는 것
이다. 하지만 'X的'는 단독으로 사용될 수 있으며 'Y'가 필요하지 않다. 그
렇다면 한 가지 가능한 대답은 'Y'가 생략되었다는 것이다. 그런데 'Y'는 항
상 불명확하고 심지어 보충도 가능하다. 다시 말해 'Y'는 존재하지 않는다는
것이다.

> 真有你的[?]。
> 너 정말 대단해[?]. (呂叔湘 1962)
> 他和骆驼都是逃出来的[?]。
> 그와 루어투어가 모두 다 도망쳐 나온 것이라고[?]. (朱德熙 1966)
> 你不能走了就算完事的[?]。
> 네가 못 가게 되면 그것으로 일이 끝난 거야[?].(赵元任 1968)

이 밖에 'X的Y'에서 'X'와 'Y' 중 어느 것이 인지 영역인지, 논문의 서
술에도 모순이 있다.

제2절 '묘사'론 지양

묘사론을 주장한 대표적인 학자 루빙푸(陆丙甫 2003)는 '的'가 의미적으로
는 묘사성 표지로, 문맥에서 구별 및 지칭 기능을 파생시킨다고 주장하였다.

왜냐하면 사물에 대해 묘사를 하는 것은 그 사물을 지칭하는 데 도움이 되기 때문이다.(朱德熙 1956) 루빙푸의 논문이 묘사와 직시의 상관성에 주목한 것은 큰 발전이다. 그러나 여기에는 다음과 같은 몇 가지 문제점도 있다.

'的'의 분합에 관한 문제이다. 루빙푸(陆丙甫 2003)의 추론의 출발점은 세 가지 '的'를 하나로 합친다는 것이다. 그는 구별성을 가진 '底'(的₃)의 구별 기능이 약화되었다는 점에서(더 이상 직시어(deixis, 指別词) 뒤에 등장할 수 없게 되면서 '这的'는 점점 사라짐) '的'가 묘사 표지라는 논리적 판단을 하였음을 밝혔다.

주더시(朱德熙 1993)는 방언 자료에서 상태형용사는 관형어가 될 때도 명사화되기 때문에 표준어에서는 상태형용사가 관형어가 될 때 뒤에 붙는 것은 묘사성의 '的₂'뿐만이 아니라 '的₂₊₃'으로, 사실 '的₃'이 '的₂'를 병합한 것임을 발견하였다.

묘사론을 지지할 수 없는 근거는 근대 중국어에도 많은 예가 있다. 이는 관형어가 되는 상태형용사는 '恁地(的₂)底(的₃)事'와 같이 가합식을 채택할 수도 있고, 다음 예와 같이 치환식을 채택할 수도 있다는 것을 설명한다.

作么生是你明明底(的₂₊₃)事?
(차를 마실 줄 모르는 것이) 어찌하여 너에게 확실한 일인가? (吕叔湘 1943)

따라서 '底'의 기능 변화는 구별성의 약화가 아니라 추가로 묘사성을 수용한 것이다. 만약 구별성과 묘사성을 대립적인 한 그룹의 개념으로 본다면, 묘사성의 증가는 곧 구별성의 감소와 약화를 의미할 것이다. 그러나 만약 구별성과 묘사성이 대립하지 않는다면 어떠한가?

루빙푸(陆丙甫 2003:24)는 묘사성과 구별성이 대립하는 현상 가운데 하나로, '漂漂亮亮的(아주 예쁘다)' 등의 상태형용사는 "화자의 주관적인 감정색채를 반영하므로 청자가 구별의 기준으로 삼기 어렵기 때문에 명사를 대체할 수 없다"고 하였다. 하지만 뤼수샹(呂叔湘 1962:注4)은 다음과 같은 용례를 발견하였다.

走近细看, 头发, 头发, 这毛蓬蓬的全是头发呀!

가까이 가서 자세히 보니 머리카락, 머리카락, 이 부스스한 것이 전부 머리카락이군! (林斤澜 『发绳』)

这地, 俩牲口也拉不动犁杖。怕得使三个, 还得是棒棒的。

이런 땅은 가축 두 마리로도 쟁기를 끌 수가 없다. 아마도 세 마리는 써야 하는데, 그것도 반드시 건장한 것들로 말이다.(林斤澜 『春雷』)

이와 아울러 뤼수샹의 논문에서는 또 이러한 상황이 많지는 않으며 대부분 지시사나 수량사를 동반한다고 지적하였다.

이상으로 묘사와 구별이 통일되는 원칙을 고수하기 위해서는 관련 용어를 정리해야 함을 알 수 있다.

제3절 구별성과 묘사성

뤼수샹(呂叔湘 1943)은 "당송시대에 구별적(qualitative) 부가어(加语) 뒤에는 '底'를 썼고, 묘사적(descriptive) 부가어 뒤에는 '地'를 썼다"고 하였다. 또 그는 '구별성(区別性)'이란 '속성을 구별하다(区別属性)', '실질을 들어 보이다(举实质)'라는 의미로 '我底学问如此(나의 학문은 이와 같다)'와 같은 속성관형어라고 하였다. 반면, '묘사성(描写性)'은 '길 형태의 모양(道形貌)'으로 '诮满眼汪汪地泪(책망이 눈 가득하여 그렁그렁 눈물이 고인다)[34]'와 같이 중첩(重叠) · 쌍성(双声) ·

첩운(叠韵)[35] 등의 어휘에 대한 의미의 개괄이라고 하였다.

그러므로 뤼수샹(吕叔湘 1943)은 '底'와 '地' 앞 단어의 어휘적 의미 차이만 고찰하였을 뿐, 'X底'와 'X地'의 차이와 '底 / 地'를 포함하는 전체 관형어의 기능은 고찰하지 않았다. 'X'가 '底 / 地' 앞에서 관형어(我 / 眼汪汪)가 되든 아니든, 또 '底 / 地'가 있든 없든(我底学问 / 我学问) 상관없이 그 의미 범주는 모두 같다. 그런데 이를 통해 관형어를 구별적인 것과 묘사적인 것으로 나누게 되면, 이는 '的'의 존재를 간과하고 'X'와 'X的'의 통사적 차이를 혼동하는 것이 된다.

주더시(朱德熙 1956)는 형용사를 제한적(즉 구별성, 张敏 1998)인 것과 묘사적인 것 두 가지로 나눌 수 있다고 보았다. 이러한 의미 분화는 형용사의 구조적 분류에 대응한다. 즉, 간단한 형용사는 구별적이지만 복잡한 형식의 형용사는 묘사적이라는 것이다. 이를 통해 주더시는 이 두 용어를 관형어 분류가 아닌 형용사 분류에 사용하였음을 알 수 있다.

뤼수샹과 주더시에게 있어 이 두 용어는 '的'를 겨냥한 것이 아니기 때문에, 이들을 사용하여 '的'를 연구하기 위해서는 반드시 용어를 새롭게 정의할 필요가 있다. 그렇지 않고 어휘 의미 차원에서 '구별'과 '묘사'라는 용어를 계속 사용한다면 같은 수식어가 때로는 구별적(粉红的裙子(분홍치마))이고 때로는 묘사적(粉红的桃花(분홍색의 복숭아))(范继淹 1979)이라는 난제에 부딪힐 것이다. 이를 통해 '的'와 '的'에 첨부된 실사 어휘의 의미상의 '구별'은 '묘사'와 거의 관련이 없음을 알 수 있다.

---

34) 역자주: 송나라 시인 조단례(晁端礼)의 「步蟾宫・昨宵争个甚闲事」에 나오는 구절이다.
35) 역자주: 중첩은 동일한 글자를 반복하는 것이고, 쌍성은 두 음절의 성모가 같은 경우이며, 첩운은 두 음절의 운모가 같은 경우이다. 이와 유사한 용어로 '첩운'이 있는데, 이는 두 음절의 주요모음과 운미가 같은 경우를 가리킨다.

제4절 제한성과 비제한성, 내포성과 외연성

류위에화(刘月华 1984)는 '제한성(限制性)'을 지칭을 확정하는 의미로 사용하였기 때문에 주더시에 의해서 제한성 관형어로 분류되었던 점착식 관형어가 류위에화에 의해서는 묘사성 관형어로 분류되었다. 장민(张敏 1998)은 이에 대해 높은 평가를 내렸다. 그와 루빙푸(陆丙甫 2008)는 모두 '제한성'에 대해 "제한되는 대상(외연과 내포 모두 가능)이 명확하지 않아서 결함도 있다"고 평가했다.

루빙푸(陆丙甫 1988)는 구별과 묘사 대신 외연성과 내포성을 사용할 것을 주장하였는데, 이는 장민(张敏 1998) 등의 지지를 받았다. 일부 관형어는 중심어의 내포를 수식하지만 일부 관형어는 중심어의 외연을 한정하는데, 이 구분은 명확해 보이지만 실제로는 둘을 명확하게 구분하는 것이 불가능하다. 예를 들어 '勤劳勇敢的中国人(부지런하고 용감한 중국인)'에서 '勤劳勇敢的(부지런하고 용감한)'에는 내포와 외연의 두 가지 해석이 가능하고(唐正大 2005), '这样的人(이러한 사람)'에서 '这样的(이러한)'가 내포를 수식하는지 아니면 외연을 한정하는지도 분명하게 말하기가 매우 어렵다. 내포와 외연이 관형어의 의미와는 관계가 있으나 '的'의 역할과는 무관하기 때문에, 이 견해는 '的'의 기능을 구분하는 데 도움이 되지 않는다. 그래서 루빙푸(陆丙甫 2003)는 다시 구별과 묘사로 돌아섰다.

루빙푸(陆丙甫 2003)의 용어 사용 문제를 본 후 천위제(陈玉洁 2009)는 '구별'과 '묘사'를 의미 영역에 남겨두어야 한다고 주장하였는데, 이는 옳다고 하겠다. 그러나 천위제는 기본(Givón)이 정의한 '限制性(제한성)'과 '非限制性(비제한성)'이라는 용어를 사용하였다. 그는 "제한성 수식어는 지칭 범위를 축소하지만…… 비제한성 수식어는 지칭 범위를 축소하는 것이 아니라 지칭 대상을 더 많은 특징으로 더욱 풍부하게 묘사한다"고 하였다. 그런데 사실 이는 또 외연 및 내포와 비슷해졌다. 또한 형용사 관형어만을 고려한 채 구별성과 분류성을 동일시하였기 때문에 '这/那本书(이/저 책)'와 '一本书(한 권의 책)'도 분류성이라고 말할 수 없는 등, 결론의 적용 범위가 좁아지게 되었다. 분류성은 규약의 결과이며, 구별성은 반드시 그렇지는 않지만 규약의 조건이 될 수는 있다. 그리고 '분류성(分類性)'과 '명명성(命名性)', '호칭성(称谓性)' 등은 사실 복합명사에만 적용되는데, 여기에 '的'는 사용되지 않는다.(제3장 참조)

스딩쉬(石定栩 2010)는 "관형어는 반드시 중심어가 나타내는 사물의 범위를 바꾸기 때문에 확실히 제한적이다"라고 주장했다. 이는 'X的Y'에서 'Y'에 대한 'X的'의 제한 작용을 집합론적 관점에서 본 것이다. 하지만 이 주장은 다음 질문에는 대답할 수 없다. '木头房子(나무집)'와 '木头的房子(나무로 된 집)'에서 '木头(나무)'와 '木头的(나무로 된)'는 모두 '房子(집)'의 범위를 축소시켰기 때문에 모두가 제한적인데, 그렇다면 이때 '的'의 역할은 무엇인가?

제5절 서술성

장민(张敏 1998:243)은 '的'가 서술성(predicative nature)을 가지고 있음을 논증하였다. 그는 "DdN 구조는 사실상 'N은 D이다(N是D的)' 또는 'N은 D와 관련이 있다(N是与D有关的)'와 같이 D개념과 N개념의 논리-의미 관계에 대한 약한 함의의 결론을 포함한다"고 하였다. DdN 구조는 하나의 속성

명제를 진술하는데, 서술 기능은 새로운 정보에 대한 진술로, 새로운 정보를 담는 성분인 Dd는 자연스럽게 서술성을 가지며, '강조(强调)'와 '중시(注重)'의 의미도 역시 Dd의 서술성을 반영한다. DdN은 진술되고 단정되는 속성 명제를 포함한다. 예를 들어 '这座金的山(이 금으로 된 산)'은 '这座山是金的(이 산은 금으로 된 것이다)'라는 속성 명제를 포함하고 있다. 그런데 문제는, 'Y是 X的'로 변환된 후에 자연스럽지 않은 'X的Y'도 있다는 것이다.

辅导的材料 지도하는 자료   ? 材料是辅导的
开车的技术 차를 운전하는 기술   ? 技术是开车的

아마도 이 점을 의식한 듯, 이 논문은 예비 변환식 'Y는 X와 관련이 있는 것이다(Y是与X有关的)'를 제공하였는데, 이로서 위의 예는 자연스러워졌다. 그러나 원래 'Y는 X이다'가 가능한 예를 사용해놓고서는 다시 예비 변환식을 사용함으로써 오히려 부자연스럽게 된 것들도 있다.

木头的桌子 나무로 된 테이블   ? 桌子是关于木头的
大的树 큰 나무   ? 树是关于大的

또 이 견해에 불리한 유형론적 증거도 있다. 속성 개념을 표현하려고 하지만 사용할 만한 적절한 형용사가 없는 일부 언어는 다음과 같은 전략을 채택한다. 네덜란드어의 경우, 진술할 때는 동사 형태를 사용하여 속성 개념을 표현하고 수식할 때는 명사 형태를 사용하여 표현한다.(张伯江 2013a) 이것은 언어 간 'X的'의 대응물이 반드시 서술성인 것은 아님을 보여준다.

제6절 '묘사성'의 재정의

완취안(完权 2012)은 각종 'X的Y'에 대해 기본적으로 적용되는 테스트가 있음을 제기하였다.

질문 你 V 什么样儿的 Y? 당신은 어떤 Y를 V하는가?	대답 X的(Y)。(*X。) X인 것 이예요.
你种什么样儿的树? 당신은 어떤 나무를 심습니까?	大的。큰 것이요.
你买什么样儿的房子? 당신은 어떤 집을 삽니까?	安静的。조용한 것이요.
你喜欢什么样儿的衣服? 당신은 어떤 옷을 좋아합니까?	漂漂亮亮的。예쁜 것이요.
你买什么样儿的桌子? 당신은 어떤 테이블을 삽니까?	木头的。나무로 된 것이요.
你用什么样儿的电脑? 당신은 어떤 컴퓨터를 씁니까?	这样的。이런 것이요.
你爱吃什么样儿的菜? 당신은 어떤 요리 먹는 것을 좋아합니까?	妈妈做的。엄마가 만든 것이요.
你学什么样儿的技术? 당신은 어떤 기술을 배웁니까?	开车的。차를 운전하는 것이요.

'什么样儿的(어떠한)'와 '什么(무슨)'는 다르다. 만약 "你想要学习什么技术?

(무슨 기술을 배우고 싶습니까?)"라고 물으면 "开车(차 운전이요)"라고 대답하는 것이 자연스럽다. 그러나 "什么样儿的"라고 물으면 "开车的(차를 운전하는 것이요)"라고 대답하는 것이 비교적 좋다. 이는 '的'자 관형어가 본질적으로 진술이나 단언을 하는 것이 아니라 'Y'의 특징인 'X'를 묘사하는 것임을 설명한다.

어휘의 의미에 묘사성이 있든 없든 상관없이 모두 이 테스트의 답변에 사용할 수 있다. 이는 '什么样儿的'를 묘사하는 것이 어휘 의미보다는 화용 행위의 의미에 있다는 것을 나타내며, 'X'가 어휘 의미적으로 묘사성을 가지는지 여부 또는 묘사성의 정도와는 무관하다는 것이다. '的'의 역할은 '的' 앞의 단어가 어휘 의미적으로 묘사성이 강한지 약한지 여부에 구애받지 않는다. '大大的房子(커다란 집)'와 같이 묘사성이 강해도 되고 '大的房子(큰 집)'와 같이 묘사성이 약해도 되며, '木头的房子'와 같이 묘사성이 없어도 된다. 하지만 모든 대답에서 '的'는 반드시 있어야 한다. 일반적으로 '的'가 있을 경우에는 의미적으로 묘사성이 약한 성질형용사 '大(크다)'도 묘사하는 데 쓰일 수 있지만, '的'가 없을 경우에는 의미적으로 묘사성이 강한 상태형용사 '大大' 역시도 묘사하는 데 사용될 수가 없다.

어휘적 의미의 묘사성과 구별성이 모든 용례를 다 개괄할 수는 없다. 따라서 만약 '묘사성'이라는 용어를 사용하고자 한다면, 반드시 유표성 이론의 원칙을 견지하면서 'X的Y'에 대해 '的'는 'X的'가 'Y'에 대하여 '어떠한' 특징 묘사를 하고 있고, '的'는 이러한 묘사관계를 나타내는 표지라고 다시 기술해야 한다.

'묘사'란 무엇인가에 대해서는 적합성 이론(Relevance Theory)36)의 정의를

---

36) 역자주: 관련성 이론이라고도 하며, Grice의 화용 이론에서 발전된 인지적 화용 이론으로

채택할 수 있다. **묘사는 말의 용법 가운데 하나**이며, 만약 한 단락에 표현된 사상을 화자가 사태에 대한 진실한 묘사(state of affairs)라고 생각하면 이 단락은 묘사로 사용된 것이다.(Sperber & Wilson 1995:259)

제7절 '的'의 인지적 고정화 기능

자연어는 기호체계이므로 의미를 담기 위해서는 기호와 현실의 인지 장면을 연결시켜야 하는데, 이 과정을 인지적 고정화(认知入场)라고 한다.(张华 2010) 명사절의 고정화는 대화 쌍방이 공동으로 어떤 것을 지시하는 것을 의미하는데, 쌍방의 언어 체계 안에서 유형 개념은 주관적으로 인정된 인지 장면 내의 동일한 사례 위에서 협응 지시(reference of coordination)를 이룸으로써 의미를 전달한다. 명사구의 인지적 고정화 전략으로는 주로 직접 지시(直指), 양화, 묘사가 있다. 묘사 고정화의 본질은 특징 묘사를 통해 청자의 주의를 원형 명사(bare noun)가 나타내는 목표체로 유도하는 것이며, 달성된 효과는 직접 지시와 같다. '的'는 그 앞의 특징 묘사가 참조체로 확립되었음을 의미하며, 청자에게는 이것이 현저하게 느껴질 것이므로 청자가 이를 기반으로 그것이 의미하는 목표체를 검색할 수 있을 것이라고 화자는 생각한다.(제2장 7절 참조)

묘사성과 식별성(指別性)이 '的'로 통일되는 이유는, "하나의 실체가 다

Sperber와 Wilson이 주장하였다. 인간의 인지 체계는 의사소통 과정에서 적합성(re-levance)을 최대화하기 위해 작동한다는 내용이다. 적합정의 정도는 맥락 효과(인지적 효과)와 처리 노력으로 판단할 수 있는데, 다른 조건이 같다면 맥락 효과가 클수록 적합성이 높아지며, 처리 노력이 클수록 정합성은 낮아진다.

른 실체의 특징이 내재적으로 묘사될 수 있도록 하는 참조체로 사용될 가능성이 높기"(Langacker 1993) 때문이다. 바꾸어 말하면, 이른바 수식이란 바로 "속성에 대한 묘사를 빌려 새로운 사물을 사람들에게 소개하는 것"(张伯江 2013a:48)이다. 사람들은 모두 특징을 파악함으로써 사물을 인식하기 때문에 항상 현저한 특징에 주의력을 집중한다. 예를 들어, 약필화略筆畫의 경우 두 개의 긴 귀가 토끼를 나타낼 수도 있고, 하나의 긴 꼬리가 다람쥐를 나타낼 수도 있다. 이를 언어에 반영하면, 특징에 대한 묘사는 사물을 식별하는 참조체가 될 수 있다. 참조체를 통해 인지 장면 속의 특정 목표체를 식별하는 것(沈家煊·王冬梅 2000)은 목표체의 유형 개념이 인지적 고정화를 달성하는 일종의 방식이 된다.

래너커(Langacker 1993)는 또 참조체를 통해 목표체를 인식하는 사람들의 인지 능력을 이해하는 데에는 두 가지 관점이 있다고 지적했다. 하나는 참조체가 될 수 있는 실체를 사용하여 적절한 활성화 영역을 자극할 수 있다는 것이고, 다른 하나는 대화 쌍방이 모두 흥미를 느끼는 객체를 묘사함(profile)으로써 주의력을 집중시키는 것이다. 이것은 한 사물의 양면과도 같다. 따라서 '的'는 참조체의 식별도(指別度)를 높이는 기능을 가지고 있으며, 궁극적으로는 목표체의 식별도를 높여준다. 즉, 표지를 통해 관계를 묘사함으로써 인지적 고정화를 달성하는 것이다. 이것이 바로 상태형용사 뒤에 '的'가 필요하고, 또 관형어가 될 때 '的$_3$'이 '的$_2$'를 병합할 수 있다는 인지적 기초이다. 주더시(朱德熙 1993)의 말을 빌리면, "상태형용사는 관형어가 될 때에도 반드시 명사화되어야 한다"는 것이다. 예를 들어, '甜蜜蜜的$_{2+3}$糖葫芦(달콤한$_{2+3}$ 탕후루)'는 탕후루의 묘사적 특징인 '甜蜜蜜(달콤하다)'를 참조체로 사용하였는데,[37] 화자는 이것이 청자에게는 현저하게 느껴지므로 청자가 이를 기반으로 그것이 의미하는 목표체를 검색할 수 있을 것이라고 생각한다.

주더시(朱德熙 1956)는 '雪白的纸(새하얀 종이)'에서의 '雪白(새하얗다)'를 묘사적인 것으로 보았는데, 그 이유는 그것이 '纸(종이)'의 속성을 갖추고 있지 않아서 새로운 부류의 명칭을 만들지 못했기 때문이다. 스딩쉬(石定栩 2010)는 '鲜红的花(새빨간 꽃)'에서 '鲜红(새빨갛다)'은 '花(꽃)'의 범위를 변경했기 때문에 제한적이라고 보았다. 인지적 고정화의 관점에서 보면, 두 견해 모두 일리가 있지만 포괄적이지는 못하다. 주더시가 말한 것은 수식어 어휘의 묘사성이고, 스딩쉬가 말한 것은 중심어의 지칭 범위가 제한된다는 것이어서 둘은 별개이다. 그러나 문맥에서 이것은 '的'를 사용하여 특징 묘사를 나타내고 참조체를 부각시킴으로써 목표체를 인지 장면 속으로 도입하는 과정이다. 이 해석은 '粉红的桃花(분홍 복숭아꽃)', '火红的凤凰花(시뻘건 봉황꽃)'과 같은 묘사적인 관형어에도 적용된다.(张伯江 2014)

'的'의 경우에 묘사와 구별(제한)은 인지적 고정화의 수단과 효과로, 각각 인식 과정의 전후 두 단락에 속한다. 따라서 만약 묘사와 구별을 대립시켜서 상호보완적인 관계로 간주하게 되면 미궁에 빠지게 될 것이다. 그런데 묘사와 제한을 의미 차원의 두 가지 기능에 함께 속하는 것으로 본다면, 서로 전환시킬 수도 있고 단순화될 수도 있을 것이다. 또 이들 사이에 현저한 연관성이 없다고 보는 것은 사실을 은폐할 수 있으며, 둘 사이에 연관성이 있다고 해서 상하위 개념으로 보는 것은 어쩌면 과유불급이 될 수도 있을 것이다.

---

37) 저자주: 주더시가 말하는 '명사화'는 인지언어학적으로 보면 '식별도 향상'이다. 상태형용사의 식별도가 참조체 역할을 하기에는 부족하므로 '的'를 붙여 식별도를 높인다. 이 책의 제6절 5절을 참조하기 바란다.

제
6
장

명사화

제6장

명사화

동사·형용사의 명사화(또는 명물화)[38] 문제를 다룬 문헌은 상당히 많다. 이것이 형태 표현이 있는 언어에서는 그다지 큰 난제가 아니어서 명사화 유무를 한눈에 알 수가 있다. 그러나 이 문제가 중국어에서는 오히려 이론의 소용돌이처럼 얽혀 빠져나오기가 어렵다. 일단 이 명사화의 소용돌이를 벗어나면, 원래 중국어와 인도유럽어가 상당히 다르다는 것을 발견할 수 있게 된다.

이 문제는 크게 다음 세 가지 측면을 포함한다. 첫째는 동사·형용사가 주어·목적어 위치에 직접 나타난다는 것이고, 둘째는 동사·형용사가 명사성 '的'자 구조의 중심어가 된다는 것이며, 셋째는 '的₃'이 명사화 표지가 된다는 것이다. 첫 번째 측면은 이 책의 취지가 아니지만 세 번째 측면과는 밀

---

38) 저자주: 명사화와 명물화를 다른 기준으로 구별하는 연구가 있다. 후위수와 판샤오(胡裕樹·范曉1994)는 명사화는 동사가 통사적으로 명사로 바뀌는 것이고, 명물화는 동사가 의미적으로 '사물'의 의미로 바뀌는 것이라고 보았다. 스딩쉬(石定栩 2004)는 동사나 형용사가 주어, 목적어가 될 때는 '지칭'의 대상이 되는 것으로 명사화이지만, 동사를 핵심으로 하는 구가 만약 일정한 통사 환경에서 명사구의 특징을 나타낸다면, 이는 명물화라고 보았다. 루쉬와 판하이화(陆烁·潘海华 2013)는 광의의 명물화 구조를 어휘단계와 통사단계에서 명사화, 명사적 명물화, 그리고 동사적 명물화로 구분했다. 그리고 우야칭 외(伍雅清等 2015)는 분포형태론의 관점에서 명사화는 어근이 명사라는 품사 라벨을 직접 획득하는 과정을 말하며, 명물화는 어근이 명사라는 품사 라벨을 간접적으로 획득하는 과정이라고 보았다. 그러나 주더시(朱德熙 1961a)에서는 이를 명물화라고 통칭하고 있지만, 근래에 '的'와 관련된 연구에서는 명사화가 많이 사용되고 있다. 이 두 개념은 널리 수용된 확정적인 의미가 지금까지 없었기 때문에 본 장에서는 주더시와 같이 이 두 개념을 구분하지 않기로 한다.

접한 관련이 있고, 두 번째 측면은 제9장에서 논의할 것이므로 이 장에서는 주로 세 번째 측면을 논의하고자 한다.

제1절 주더시의 명사화론

중국어와 인도유럽어의 현저한 문법적 차이 가운데 하나는, 중국어의 동사와 형용사가 형태를 바꿀 필요 없이 직접 문장의 주어나 목적어가 될 수 있다는 것이다. 이때 동사·형용사는 이미 명사로 전환되었다고 보는 견해가 있는데, 1950년대 중국의 '명물화(名物化)'와 그 후 국외에서 제기된 '제로형식 명사화(零形式名词化)' 등이 대표적인 것들이다. 주더시(朱德熙 1961a)는 명물화론에 대한 탁월한 분석을 통해 중국어의 동사·형용사가 직접 주어·목적어가 될 때 품사 변환을 거치지 않았음을 지적하였다. "이른바 '제로형식 명사화'라는 것이 중국어에 있어서는 단지 인위적인 허구일 따름이다".(朱德熙 1983) 왜냐하면 제로파생은 일부 소수의 동사에 대해서만 그렇다는 것인데, 만약 대부분의 동사가 모두 제로파생이라고 말한다면 이는 곧 대부분의 동사가 모두 명사화되어야 한다고 말하는 것과 같으므로 불필요한 것이 되기 때문이다.

주더시(朱德熙 1961b)는 '的'를 세 가지 형태소로 분석할 때 성격에 대한 논쟁을 피하기 위해 세 가지의 '的'를 '후치 부가성분(后附成分)'으로 통일하고, '的₃'은 '명사성 문법 단위의 후치 부가성분'이라고 칭하였다. 하지만 이는 결코 문제를 해결하지 못하였다.

주더시(朱德熙 1983, 1989)에 이르러 이 질문에 정면으로 대답하기 시작했다. 주더시는 중국어의 동사·형용사 그 자체가 주어나 목적어가 될 수도 있고, 명사화 된 후에 주어나 목적어가 될 수도 있다고 보았는데, 이 명사화의 표지39)가 바로 '的₃'이라는 것이다. '的₃'이 VP 뒤에 붙으면 원래 진술(assertion)을 나타내던 VP는 지칭(designation)을 나타내는 'VP的'로 변환된다.

명사화는 자기지시(self-designation, 自指)과 전환지시(transferred-designation, 转指)라는 두 가지 의미 기능을 수행한다. 자기지시의 의미는 술어 자체의 의미하고만 관련이 있으나, 전환지시의 의미는 술어에 내포된 대상과 관련이 있다. 자기지시와 전환지시에 관한 자세한 논의는 제7장에서 전개하고자 한다.

이 장에서는 문법적 측면에서 '的₃'이 실제로 명사화 기능을 가지고 있는지 여부에 대해 주목하고자 한다. '的₃'에 대한 인식을 바탕으로 주더시는 'X的₃Y'에서 'X的₃'이 명사성 성분인데, Y도 명사성 성분이라면 'X的₃Y'는 동격(同位性) 수식구조라고 주장했다. 동격 수식구조는 현대 중국어의 각종 명사성 수식구조에서 큰 비중을 차지한다. 명사가 명사를 직접 수식하는 것(NN)과 형용사가 명사를 직접 수식하는 것(AN)40)을 제외하면 거의 모두가 동격이다.(朱德熙 1993)41)

---

39) 저자주: 루중다 외(陆宗达等 1954:62-63)는 '的'를 '명사 구성 어미'라고 하였다. 어미론의 문제에 대해 주더시(朱德熙 1961b)에서는 '的'가 단어 뒤에도 붙을 수 있고, 구의 뒤에도 붙을 수 있다고 하였다. 그런데 표지론으로 바꾸면 이러한 번거로움을 피할 수 있다. '的'의 이러한 표현 양상은 접어(clitic)의 특징에 부합한다. (刘丹青 2008b, 张斌 2013 참조)

40) 저자주: 주더시는 이러한 조합이 매우 자유롭지 않다고 생각하였다. 그러나 이 책 제3장의 논의에 따르면, 이들은 모두 복합명사이고 'X的₃Y'는 구이다.

41) 저자주: 동격구조에 대한 최신 연구는 류탄저우(刘探宙 2017)를 참고하기 바란다.

제2절 위안위린의 진일보한 논의

상술한 주더시의 이론에 대한 하나의 고전적인 의문은 '木头的(箱子)(나무로 된(상자))'와 '木头的性质(나무의 성질)'에서 '木头'는 이미 명사인데 왜 또 명사화해야 하느냐는 것이다. 주더시 역시도 이를 의식하고 있었는데, 그의 설명은 '的'가 명사화의 기능뿐만 아니라 의미 전환의 기능도 가지고 있다는 것이다. 그런데 이 설명은 여기서 '的'는 명사화 표지가 아니라 단지 의미 전환 표지일 뿐이라고 말하는 것과 같다. 그렇다면 이러한 명사성 성분 뒤에 오는 '的'의 문법적 기능은 무엇인가라는 의문이 자연스럽게 이어진다.

위안위린(袁毓林 1995)은 이 문제에 대답을 하려고 시도하였는데, 그는 술어 함축이론을 이용하여 중국어의 수식구조에는 전환지시만 있고 자기지시는 없다는 견해를 제기하였다. 술어 함축이 가리키는 것은, '游泳的姿势(수영하는 자세)' 안에 이미 '造成(기인하다)'이라는 하나의 술어가 함축되어 있다는 것으로, 완전한 구조는 '游泳造成的姿势(수영으로 인한 자세)'라는 것이다. 이와 같이 명사 관형어 안에도 술어를 보충할 수가 있으며, '塑料(做成)的拖鞋(플라스틱(으로 만든) 슬리퍼)', '塑料(具有)的弹性(플라스틱의(이 가진) 탄력성)'도 모두 그러하다. 따라서 외재하는 관형어가 명사이든 아니면 동사나 형용사이든 상관없이 사실은 모두 다 하나의 술어를 함축하고 있다. 그리고 이 술어의 작용으로 인해 그 명사구는 모두 'VP+的'를 참조하여 전환지시로 분석을 할 수 있다. 이로써 사람을 지칭하는 'VP+的'와 그렇지 않는 'VP+的', 역시 사람을 지칭하는 'NP+的'와 그렇지 않은 'NP+的' 안의 4가지 '的'의 기능을 통합하였는데, 그것은 이들이 모두 명사화 표지이며 의미 기능은 모두 전환지시라는 것이다.

술어 함축론은 몇 가지 의문을 불러일으켰다. 추이잉시엔(崔应贤 2004)은 서술어를 첨가하는 것에 대해, 너무 번잡하거나 부자연스럽거나 또는 첨가 전후의 의미적 일관성을 보장할 수 없는 등 다양한 가능성이 존재하기 때문에 술어를 함축하고 있다고 확정하는 것은 자의적이라고 보았다. 소유 관계를 나타내는 'NP₁+的 + NP₂'와 일부 'VP+的+NP'만이 술어를 함축하고 있다. 우창안(吴长安 2006)은 술어 함축론에 대해 회의적인 태도를 가지고 다음 세 가지 질문을 제기하였다. 첫째, 상술한 두 가지 '的'자 수식구조에 모두 술어가 함축되어 있는가? 왜 그러한가? 둘째, 어째서 일부 함축 술어는 출현할 수 있지만 다른 일부는 출현하지 않는 것이 일반적이고, 또 다른 일부는 출현이 아예 불가능한가? 셋째, 왜 다양한 해석이 있을 수 있는가? 쑹줘엔(宋作艳 2014)에서 이러한 질문들에 대해 답하려고 시도하였으나 여전히 논의의 여지는 남아있는 실정이다.

주더시의 이론에서 또 하나 풀어야 할 과제는 바로 문미의 '的'이다. 주더시(朱德熙 1961b, 1978)는 '是'를 삽입해 얻은 변환식으로써 이것이 '的₃'임을 증명하였으나, 여전히 두 가지 의문에 직면하게 된다.

첫째, 주더시(朱德熙 1978)에 따르면, '小王是昨天晚上来的(샤오왕은 어제 저녁에 온 것이다)'라는 말은 샤오왕이 '昨天晚上来的人(어제 온 사람)' 중의 한 사람, 즉 '的'자 구조가 '[ ]昨天晚上来的'의 빈자리([ ])를 전환지시하는 것으로 해석할 수 있다. 하지만 이러한 분석은 많은 사람들의 어감에 어긋난다.

둘째, 주더시(朱德熙 1978)는 '是他先去买票的(그가 먼저 가서 표를 산 것이다)'와 같은 부류의 문장에서 만약 '他(그)'를 '的'자 구조의 성분으로 본다면 통사적 빈자리가 없는 자기지시(自指)이기도 하다는 것을 발견했다. 하지만 주더시의 이론에서 자기지시에 해당하는 'VP的'는 단독으로 사용될 수가 없다. 이 문제에 대한 주더시의 해결 방법은 이러한 문장들만을 위한 특별한 문형의 설정을 바탕으로 하기 때문에 설득력이 부족하다.

위안위린(袁毓林 2003a)은 이 두 가지 문제를 총체적 전환지시 개념으로 설명한다. '的'자 구조 'VP的'는 VP에서 누락된 논항성분을 국부적으로 (locally) 전환지시 할 수도 있고, VP에 의해 만들어진 사태나 속성(property)[42]을 총체적으로(globaly) 전환지시 할 수도 있다. 이러한 총체적 전환지시는 높은 단계의 함축된 술어에 비하면 사실은 국부적인 전환지시이다. 예를 들어, '他开车的(技术)(그가 운전하는 (것)(기술))'은 총체적인 전환지시인 것처럼 보이지만 '[指导]他开车的(技术)(그가 운전하는 것을[가르치는] 것(기술))'는 사실상 국부적인 전환지시이다. 이것은 자기지시와 전환지시의 관계를 명확히 구분하였는데, 국부적인 전환지시는 전환지시이지만 총체적인 전환지시는 사실 자기지시라는 것이다. 다시 말해, 자기지시는 전환지시의 특별한 경우에 해당된다.[43]

위안위린(袁毓林 1995, 2003a)은 주더시 이론의 발전에 대하여 모두 의미 기능에 초점을 맞추고 있는데, 이는 '的₃'이 어떠한 경우에도 항상 명사화 표지임을 논술하는 것이다.

---

42) 저자주: 사태문의 문제에 관해서는 제12장을, 이 글의 초점이론 문제에 관해서는 위안위린 (袁毓林 2003b)을 각각 참조하기 바란다.

43) 저자주: 그런데 최근의 진전은 우화이청 외(吳怀成等 2017)에서 고대 중국어 '者'를 예로 들어 명동포함 이론을 바탕으로 전환지시가 사실은 자기지시의 특별한 경우임을 논증한 것이다. 이에 대해서는 제7장 6절을 참고하기 바란다.

제3절 귀루이의 반대 의견

귀루이(郭锐 2000)는 명사화 표지 이론을 반박하였다. 이 논문은 명사화 표지 이론이 관형어 표지 이론에 비해 '생략 이론'이 초래한 번거로움을 피하였다는 장점이 있다는 점은 인정하였다.(본서 제5장 제1절 참조) 하지만 또 다음과 같은 모순에도 봉착하였다.

첫째, 'X的'는 모두 관형어가 될 수 있지만 모두가 주어나 목적어가 될 수 있는 것은 아니고, 일부 전환지시의 'X的'만이 주어나 목적어가 될 수 있다. 예를 들어 '他学习外语的能力(그의 외국어 학습 능력)'에서 'X的'는 주어나 목적어가 될 수 없다.

둘째, 실제 언어 코퍼스를 보면 명사가 주어나 목적어인 비율이 관형어인 비율보다 높은데, 'X的'는 오히려 정반대이다.

셋째, 명사는 명사, 형용사, 구별사의 직접적인 수식을 받을 수 있으나, 'X的'는 이들의 수식을 받을 수 없다. 예를 들면, '圆桌子(둥근 테이블)'는 가능하지만 '*圆新的'는 불가능하다.

넷째, 목적어가 되는 'X的Y'의 핵심인 Y가 화제화(进口的家用电器(수입 가전제품) → 家用电器他总买进口的(가전제품은 그는 항상 수입한 것을 산다))된 후, 'X的'와 Y가 가리키는 범위의 관계가 어떻게 변화했는지 설명하기가 어렵다. 즉, 교차 관계인지 아니면 포함 관계인지를 설명하기 어렵다는 것이다.

다섯째, 명사화 이론을 뒷받침하는 생성문법 체계에서 일부 'X的'의 전환지시에 의해 형성된 'NP'는 'X的'의 내부에서 공범주 Pro를 찾을 수가 없다. 따라서 이 논문에서는 '的$_1$'과 '的$_3$'을 수식어 표지, 수식 표지라고 주장함으로써 위의 난제를 피할 수 있었다. 하지만 이 역시 새로운 의문을 불러

일으킬 소지는 여전히 남아있다.

　첫 번째 의문은, 만약 명사와 동사를 수식어화 한 후에 관형어로 만들 필요가 있다면 이미 수식 기능이 있는 형용사는 왜 또다시 수식어화를 거친 다음에 관형어가 되어야 하는가이다. 예를 들어, '白的纸(하얀 종이)', '漂亮的姑娘(예쁜 아가씨)'에서 '白(희다)'와 '漂亮(예쁘다)'은 본래가 수식어여서 '的'를 덧붙이지 않아도 여전히 수식의 기능을 하는데, 왜 또 추가로 수식화를 해야 하는가이다.

　두 번째 의문은, 명사와 동사는 원래 '的'를 붙이지 않고도 관형어가 될 수 있는데(木头房子(나무집), 调查报告(조사보고서)), 왜 굳이 수식어화의 과정이 필요한가이다.

　세 번째 의문은, 이 논문에서 '的₂'를 다루지 않은 것도 이론상의 허점이 아닐까라는 것이다. 상태형용사도 관형어가 될 수 있다면, 이 또한 수식어에 포함되지 않는가? 그런데 만약 그렇다면 이때 '化(~화)'를 또 어떻게 설명할 것인가?

　네 번째 의문은 다음과 같다. 궈루이의 논문은 "사실상 자기지시의 'X的'는 아예 존재하지 않는다"며, "관형어 자리에 있는 'X的'는 수식어성 성분으로 지칭이 아니지만, 일단 주어나 목적어가 되면 반드시 전환지시이다"라고 주장했다. 그렇다면 관형어 자리에 있는 'X的'에 지칭의 기능이 있는가? 주더시는 'X的'의 명사성에 대해, 'A的', 'D的', 'M的'[44]의 기능은 기본적으로 명사의 기능에 해당되기 때문에 '的₃'은 명사성 문법 단위의 후치 부가 성분이라 할 수 있음을 논증하였다. 주더시(朱德熙 1961b)에 따르면, 'X的₃'은 부사어와 보어가 되지 않지만 형용사는 부사어와 보어가 된다. 그렇다면 'X

---

44) 저자주: 현재 통용되는 기호로는 각각 'X的', 'V的', 'N的'이다.

的$_3$'의 분포가 형용사에 비해 크게 떨어지게 되는데, 이것을 어떻게 설명할 것인가?

다섯 번째 의문은 수식어가 주어나 목적어가 된다고 해서 반드시 전환지시의 의미라고 할 수는 없지 않는가이다.

> 叫你相亲你就去吧。**好**也行, **坏**也行, 不去不行。
> 맞선을 보라고 하면 가라. 좋든 나쁘든 가지 않으면 안 된다.
> **危险**就不去了? 明知山有虎, 偏向虎山行。
> 위험하다고 안 간단다? 산속에 호랑이가 있다는 것을 뻔히 알면서도 기어코 호랑이 산으로 간다.

'수식어화' 된 'X的'는 왜 주어나 목적어가 되면 반드시 전환지시인가?

여섯 번째 질문은, 수식어가 주어나 목적어가 되는 것이 전환지시(예: '急性好治(급성은 치료하기 쉽다)', '有大有小(큰 것도 있고 작은 것도 있다)'라고 말하는 것은 사실상 수식어가 주어나 목적어가 되는 것이 지칭화 또는 명사화라고 말하는 것인데, 이것은 바로 주더시(朱德熙 1961a)가 비판했던 관점이 아닌가하는 것이다.

요컨대, 명사화 이론에 대한 궈루이(郭锐 2000)의 의문은 효력이 있지만, 그 대안 또한 위의 일련의 의문에 직면해야 한다.

제4절 기타 질의

'的$_3$'을 명사화 표지라고 인정하게 되면 또 다른 질의에 부딪힐 수 있다. 그것은 '木头(的)房子(나무(로 된) 집)'에서 '木头(나무)'는 원래 명사인데 왜 또 명사화가 필요한가라는 의문과 유사한 질문으로, 동사와 형용사는 원래 명사의 관형어가 직접 될 수 있는데 왜 또 '的'를 붙여서 명사화라는 과정을 거쳐야 하는가이다. "중국어에서 문법 성분이 관형어가 될 때 명사화해야 하는가? 이 질문에 대한 대답은 분명히 부정적이다".(项梦冰 1994) 예를 들어 보자.

红花　　　　　　　　漂亮姑娘
붉은 꽃　　　　　　　예쁜 아가씨

坐垫　　　　　　　　调查手册
앉는 방석　　　　　　조사 편람

덧붙여서 설명할 수 있는 것은 이 문제가 의미 기능의 전환으로는 결코 대답할 수 없다는 것이다.

제5절 또 하나의 생각

'X的Y'에서 'X的'의 명사성은 분포 특징에 의해 뒷받침되기 때문에 부정하기가 어렵다. 문제는 'X的'의 명사성이 어떻게 생성되었냐는 것이다. 명사화 이론을 옹호하는 길은 갈수록 복잡해질 것이다. 이보다는 좀 더 간결한 방식이 있지 않을까? 물론 있다. 그것은 참조체 구조로 돌아가는 것이다.(제1장, 제8장 참조)

앞서 제1장에서는 참조체 구조로부터 출발하려면, '的'를 동일한 하나의 형태소로 분석할 수 있다고 언급한 바 있다. 제2장에서는 참조체 구조가 두 가지 개념의 조합으로 이루어지기 때문에 구로 분석하였다. 이 장에서 말하고자 하는 것은, 사실 'X的'에서 X가 어떻게 참조체가 되는가 하는 것이다.

선쟈쉬안 외(沈家煊 2009)는 '的'가 참조체의 식별도를 높이는 역할을 할 수 있다고 주장하였다. 식별도의 정의는 다음과 같다.

> 화자는 자신이 제공한 지시어구가 청자로 하여금 두뇌 기억이나 주위 환경을 통해 목표 사물이나 사건을 검색하고 찾아내도록 하는 지시 강도를 가리킨다고 생각한다. 지시 강도가 높을수록 식별도가 높고, 지시 강도가 낮을수록 식별도가 낮다.

일반적인 경우, 식별도의 정도는 지칭어구의 객관적인 상태에 의해 결정된다. 예를 들어, 식별도는 지시어가 있는 것이 그렇지 않은 것보다 높으며, 대명사가 일반명사보다 높다. 또 사물이 사건보다 식별도가 높고, 성질이 상태보다 식별도가 높다. 하지만 식별도의 높고 낮음은 결국 화자가 주관적으로 인정하는 것이다. 따라서 '식별도를 높이는 것'과 '높은 식별도'를 혼동하면 안 된다. 전자는 상대적인 것이고 후자는 절대적인 것이기 때문이다.

'X的Y'에서의 '的'의 역할이 'X'의 식별도를 높여 참조체의 구조를 구성하는 것임을 인식하게 되면, 'X的'의 명사성을 이해할 수 있다. 선쟈쉬안 외(沈家煊 2000)는 참조체가 높은 정보성, 높은 접근성 및 높은 현저성의 특징을 가지고 있다고 논하였다.(제8장 참조) 이 점 역시 명사의 전형적인 특징에 부합한다.

식별도를 높인다고 해서 명사화가 되는 것은 아니다. '的'는 앞 단어의 품사를 바꾸지는 않으며, 단지 'X的'가 전체적으로 인지, 화용 측면에서 주의력를 집중하여 참조체 역할을 하는 능력을 갖추도록 만들어 줄 뿐이다.

식별도를 높이는 작업은, '漂漂亮亮(*的)小姑娘(아주 예쁜 소녀)'와 같이 식별
도가 거의 없는 단어나 '木头(的)房子'와 같이 식별도가 비교적 낮은 단어,
그리고 '我的书(나의 책)'의 지시대명사 '我'와 같이 본래 어휘 의미에서 식별
도가 비교적 높은 단어 등에 대해 모두 수행할 수 있다. 관형어 어휘 고유의
식별도 차이로 인해서도 '的'자 사용의 차이가 발생한다.45)

'的'가 참조체 표지의 역할을 할 수 있는 것은, 위치적으로 후치 부가어이
고 발생할 수 있는 휴지가 주의력을 '的' 앞의 단어로 유도함으로써 그 단어
가 참조체 신분임을 암시하기 때문이다.

---

45) 저자주: *'这的书'가 성립하지 않는 이유는 '这'가 현장 직시를 나타내고, 지시 대상은 '书'이
며, 직시 고정화 방식을 채택한 '这书'와 '的'의 묘사 고정화 방식이 혼용되어 불필요한 중복
을 초래하기 때문이다. 또 '这儿的书(이 곳의 책)'라고 말할 수 있는 이유는 '这儿(여기)'의
지시 대상이 '书(책)' 그 자체가 아니라 방위이기 때문이다.

자기지시와
전환지시

자기지시와 전환지시

자기지시와 전환지시에 대한 의미 분석은 주더시의 '명사화' 이론의 중요한 구성 부분이다

제1절 주더시의 '자기지시와 전환지시' 이론

명사화도 진술에서 지칭으로의 의미 기능 변화를 초래할 수 있다. 이러한 변환은 단어 조어 단계에서 발생할 수도 있고 문법 단계에서 발생할 수도 있는데, 의미의 각도에서 자기지시(自指)와 전환지시(转指)라는 두 가지 종류로 나눌 수 있다. 자기지시는 의미가 변하지 않고 유지되는 단순한 품사 전환이지만, 전환지시는 품사 전환뿐만 아니라 의미에도 뚜렷한 변화가 발생한다.

'的'는 자기지시 표지 '的$_s$'이면서 전환지시 표지 '的$_t$'이다. 자기지시의 'VP的$_s$'는 중심어를 떠나 독립할 수 없고, 'VP的'는 중심어를 대신 지칭할 수 없다. 전환지시의 'VP的$_t$'는 중심어를 떠나 독립할 수 있으며 중심어를 대신 지칭할 수 있다. 'VP的$_t$'가 나타낼 수 있는 의미 범위는 상당히 넓어서 행위자(施事)를 가리킬 수도 있고 피행위자(受事)나 수용자(与事),[46] 도구 등을

가리킬 수도 있다. 예를 들어보자.

행위자
游泳的 수영하는 사람
开车的 차를 운전하는 사람
坐在主席台上的 주석단상에 앉아 있는 사람

피행위자
新买的 새로 산 것
小孩儿画的 어린아이가 그린 것
从图书馆带来的 도서관에서 가지고 온 것

수용자
你刚才跟他打招呼的 (那个人) 네가 방금 그와 인사한 (사람) (그 사람)

도구
吃药的 (杯子) 약 먹는 것(컵)
我开大门的 (那把钥匙) 내가 대문을 여는 것(그 열쇠)

전환지시의 'VP的₁'에는 통사적 빈자리가 있다. '游泳的(人)(수영하는 사람)'을 '人游泳(사람이 수영하다)'로 환원할 수 있으면 '的'는 상응하는 문장에서 주어인 '人'을 추출한 것으로 볼 수 있다. 마찬가지로 '小孩儿画的(画)(아이가 그린 (것)(그림))'을 '小孩儿画画(아이가 그림을 그리다)'로 환원할 수 있다면 '的'는 상응하는 문장에서 목적어인 '画(그림)'를 추출한 것으로 볼 수 있다. 같은

---

46) 역자주: 의미역의 일종인 수용자는 영어로 recipient이며, 수령자로도 번역된다. 동사가 나타내는 동작이나 상태와 관련된 수동적인 유생성 존재를 말하는데, 보통 문법적으로는 '我给母亲一张支票(나는 어머니에게 수표 한 장을 주었다)'에서 '母亲(어머니)'과 같이 어떤 것을 받아들이거나 행동으로부터 이익을 얻는 사람이나 사물을 가리킨다.

방식으로 고대 중국어에 사용된 '者(자(사람))'와 '所(장소)'를 분석하면 '者'는 주어만을 추출하고, '所'는 목적어만을 추출한다는 것을 발견할 수 있다.

주더시(朱德熙 1983)의 '명사화' 이론은 다음과 같이 설명할 수 있다.

	자기지시	전환지시	
조어	kind — kindness 친절하다 — 친절 —	write — writer 집필하다 — 작가 骗 속이다 — 骗子 사기꾼	
문법	빈자리 없는 that 종속절	빈자리 있는 that 종속절	
	开车的技术 차를 운전하는 기술 他用箱子装书的原因 그가 상자에 책을 담는 이유 扩大招生名额的问题 학생 모집정원 확대 문제 他给我写信的事儿 그가 나에게 편지를 쓴 일	문법, 의미 기능 모두 변화	开车的 (人) 차를 운전하는 (것)(사람) 装书的 (箱子) 책을 담는 (것)(상자) 扩大招生名额的 (学校) 학생 모집정원을 확대하는 (것) (학교) 他给我写的 (信) 그가 나에게 쓴 (것) (편지) 红的 (花) 붉은 (것) (꽃)
		의미 기능만 변화	NP的: 木头的 (房子) 나무로 된 (것) (집) 我的 (书包) 나의 (것) (책가방)

이 두 가지 개념을 사용하여 '的'자 구조의 의미 구성에 대해 정밀하게 분

석한 것은 문법 이론의 중대한 발전임이 분명하다.

제2절 자기지시에 관한 진일보한 연구

자기지시의 'VP的$_s$'에는 통사적 빈자리가 없다.

开车的技术(차를 운전하는 기술) → *开技术, *技术开

또 이 'VP的$_s$'는 핵심 명사를 대체할 수도 없다.

他学会了开车的*(技术)。[47]
그는 차를 운전하는 기술을 배웠다.

주더시(朱德熙 1982:145)는 "이러한 수식구조의 중심어는 항상 추상적인 개념을 나타내는 명사라는 점에 주목할 필요가 있다"고 지적했다. 이 견해는 상당히 개괄적이다. 그런데 후루카와 히로시(古川裕 1989)는 그와 반대인 경우가 반드시 성립하지는 않는다는 점을 발견하였다. 즉, '青春(청춘), 隔阂(간격), 数列(수열)' 등과 같은 모든 추상명사가 이 격식에 들어갈 수 있는 것은 아니며, 일부 구체적인 명사들도 중심어가 될 수 있다는 것이다. 예를 들면 다음과 같다.

他推车送信的**相片** 그가 수레를 끌고 편지를 배달하는 사진

---

47) 역자주: 이 예문은 '开车的'가 '技术'를 대체할 수 없음을 의미한다. 다시 말해, '开车的' 뒤에 '技术'를 생략한 '他学会了开车的'는 성립하지 않는다.

"茶钱先付"的**纸条** '찻값은 선불'이라는 쪽지

이에 따라 논문에서는 'VP는 전체적으로 n에 포함된 구체적인 내용을 가리킨다(보충 설명한다)"라고 'VP的₃'의 성립 요건을 제시하였다. 예를 들어보자.

开车的技术 → 技术的内容是开车
차를 운전하는 기술 → 기술의 내용은 차를 운전하는 것이다
书费要涨价的谣言 → 谣言的内容就书费要涨价
책값이 인상될 거라는 루머 → 루머의 내용은 책값이 인상될 거라는 것이다

중요한 것은 이러한 예들이 모두 논항구조가 아닌 화제구조와 관련이 있다는 점이다.

제3절 전환지시에 관한 진일보한 연구

위안위린(袁毓林 1994)은 1가명사(一价名词)[48]의 생략과 그 의미 활성화의 미시적 메커니즘을 묘사하고, 나아가 전환지시의 실현 과정을 설명하였다. 논문은 다음과 같은 사실을 관찰하였다.

A	B
小王的爸爸 → *小王的 왕군의 아빠	小王的书包 → 小王的 샤오왕의 책가방 → 샤오왕의 것

---

48) 역자주: 1가명사는 친족명사, 속성명사 및 부속명사(예를 들면 각각 爸爸, 脾气, 尾巴)의 3가지 명사를 포함한다. 이들은 어떤 사물을 나타냄과 동시에 그 사물과 다른 사물 사이의 어떤 의존관계를 내포하고 있다. 또 문장에 나타날 때 그것과 관련된 명사가 함께 출현해야 한다.

刘伟的妻子 → *刘伟的	刘伟的袜子 → 刘伟的
리우웨이의 아내	리우웨이의 양말 → 리우웨이의 것
塑料的弹性 → *塑料的	塑料的拖鞋 → 塑料的
플라스틱의 신축성	플라스틱의 슬리퍼 → 플라스틱으로 된 것
爷爷的脾气 → *爷爷的	爷爷的拐棍 → 爷爷的
할아버지의 성질	할아버지의 지팡이 → 할아버지의 것

A그룹의 핵심 명사는 1가명사인데 통사적 중심어이자 의미적 지배성분으로, 의미적으로 종속되는 결합가(valency, 配价) 명사에 대한 지배를 요구한다. 즉, '爸爸(아빠)'는 어떤 사물을 나타낼 뿐만 아니라 그 사물과 다른 사물(儿子(아들)) 사이의 어떤 의존 관계를 함축한다. A그룹의 예는 통사적, 의미적 지 지점인 1가명사 중심어를 추출하였기 때문에 전체 구조가 해체되었다. 결합가를 요구하는 명사가 중심어가 되면 수식어인 '的'자 구조는 중심어를 대신 지칭할 수 없게 된다.

인지심리학의 '확산적 활성화(扩散性激活)'라는 개념이 이러한 현상을 설명할 수 있다. 친족 명사 '爸爸'의 의미 구조가 활성화된 후에는 바로 친족 호칭을 확정하는 참조점인 '某人(누구)'을 유발시킨다. 친족 명사는 명확한 참조점이 있어야 그것이 가리키는 바를 확정할 수 있기 때문이다.

제4절 직면한 의문

샹멍빙(项梦冰 1994)은 '的'와 영어의 자기지시 표지를 비교하면 세 가지 차이점이 있다고 지적했다.

첫째, 영어의 자기지시 표지는 동사나 형용사 뒤에만 붙는 접사이지만 '的'는 명사와 여러 가지 구 뒤에도 붙는다.

둘째, 영어의 자기지시 표지는 반드시 나타나지만 '的'의 출현과 생략은 선택적이다.

셋째, 영어의 자기지시 표지는 매우 많지만 중국어는 단지 '的'만 있을 뿐, 같은 종류도 없고 명확한 문법적 목표도 없다. 이 논문에서는 결국 '的'를 '관형어-중심어 구조 표지(定中结构标记)'라고 칭한다. 앞에서 서술한 바와 같이, 관형어 표지론은 중심어가 없는 '开车的'가 '司机(기사)'와 같다는 것을 설명할 방법이 없다.

야오전우(姚振武 1994)는 '编辑(편집인)', '耕地(경작지)', '绑腿(레깅스)', '同谋(공모자)'와 같이 '的'에 의존하지 않는 전환지시가 고금의 중국어에서 모두 생산적인 문법 현상임을 발견했다. 또 이것은 주더시가 반박했던 '명물화'와는 다르다고 지적했다. 이 경우에 술어성 성분의 의미에 전환지시가 발생하고, 그 가운데 일부의 기능도 명사와 같아진다.

이 논문의 취지는 이를 통해 "진정한 명사화에는 모두 실재하는 형식 표지가 있다"는 주더시의 말에 반대하는 것이다. 그러나 우화이청 외(吳怀成等 2017)는 표지가 붙지 않은 동사의 전환지시를 가지고 반박하는 것은 핵심을 포착하지 못한 것이라고 지적했다. 주더시는 '제로 형식의 명사화(零形式的名词化)'를 반대하기 위해 그렇게 말한 반면, 야오전우의 논문은 실제로 중국어에 '제로 형식의 명사화'가 있다는 것을 증명하고자 하였다.

제5절 전환지시와 환유

선쟈쉬안(沈家煊 1999a)은 인지언어학의 새로운 길을 개척하였다. 그의 연구는 이전의 '的'자 구조의 전환지시에 관한 논의보다 더욱 강력한 개괄과 해석력을 가지고 있다.

논문에서는 먼저 전환지시가 일종의 '문법적 환유(语法转喻)'임을 논증하였다. 또 'X的Y'에서 X가 용언성인지 체언성인지 여부에 상관없이 'X的'를 모두 '的'자 구조라고 통칭하였다. '的'자 구조는 '开车的(人)(차를 운전하는 이 (사람))', '小王的(书包)(샤오왕의 것(책가방))'와 같이 뒤에 있는 중심어로부터 독립하여 중심어를 가리키는데, 이를 '的'자 구조의 '전환지시(转指)'라고 부른다.

환유(metonymy, 转喻)는 '차대(借代)'라고도 불리며 일반적으로 수사법의 일종으로 간주되는 반면, 인지언어학에서 환유는 특별한 수사법이 아니라 일반적인 언어 현상이다. 환유는 언어현상이자 사람들의 일반적인 사유와 행동 방식이다. 우리의 생각과 행위가 의존하는 개념 체계는 근본적으로 모두 환유적 성질을 띠고 있다. 예를 들면, 한 퇴직 근로자가 "回到单位, 见到的尽是新面孔(직장에 돌아오니 만나는 사람은 온통 새로운 얼굴뿐이다)"라고 말할 때, '新面孔(새로운 얼굴)'은 새로운 사람(新人)을 대신 지칭한다. 이는 사람들이 일반적으로 먼저 사람의 얼굴을 관찰함으로써 사람을 식별하기 때문이다.

문법에서의 '전환지시'는 본질적으로는 곧 '환유'이다. 다시 말해 일반적인 인지방식의 문법적 구현으로, '문법적 환유'라고 칭할 수 있다. 환유에는 자체적인 법칙이 있으며, 전환지시의 법칙도 환유의 법칙과 본질적으로는 같다. 따라서 전환지시도 일반적인 환유 법칙의 제약을 받는다.

환유에는 그 나름의 일반적인 인지 모델이 있는데, 이 모델은 '的'자 구조의 전환지시에도 적용된다. 이 모델은 다음과 같이 설명할 수 있다.

① 어떤 문맥에서는 모종의 목적을 위해 하나의 '목표(目标)' 개념 B를 지칭해야 한다.

② 개념 A는 B를 대신 지칭하며, A와 B는 같은 '인지 틀(认知框架)' 안에 있어야 한다.

③ 동일한 '인지 틀' 안에서 A와 B는 밀접한 관련이 있으며 A의 활성화로 인해 부수적으로 B(일반적으로 B만)도 활성화 될 수 있다.

④ A는 부수적으로 B를 활성화시키며 A의 인지적 '현저성'이 반드시 B보다 높다.

⑤ 환유적 인지 모델은 A와 B가 특정한 '인지 틀' 내에서 서로 연관되는 모델인데, 이러한 연관성을 A에서 B까지의 함수 관계라고 할 수 있다.

'壶开了(주전자가 끓는다)'를 예로 들어 위의 인지 모델을 설명해 보자. '壶开了'는 '水开了(물이 끓는다)'를 가리킨다고 할 수 있는데, 주전자(개념 A)로써 물(목표개념 B)을 환유한다. 주전자와 물은 '용기와 내용물'이라는 인지적 틀 안에 함께 있으므로 서로 밀접한 관련이 있으며, 개념 '壶(주전자)'의 활성화는 개념 '水(물)'를 부수적으로 활성화시킨다. 주전자는 인지적으로 물보다 더 현저하다. 왜냐하면 주전자는 눈에 보이지만 물은 안에 있어 보이지 않고, 물이 끓을 때 우리가 보는 것은 주전자의 입에서 계속 김이 나고 뚜껑이 덜컹거리는 것이기 때문이다. 눈에 보이는 것은 보이지 않는 것보다 현저한데, 이는 일반적인 인지 법칙이다.

특별히 해석해야 할 두 가지 인지언어학적 개념이 있는데, 그것은 인지 틀과 현저성이다.

인지 틀은 사람이 경험에 따라 수립한 개념과 개념 사이의 상대적으로 고정된 연관 모델로, 심리적으로 완전한 형태인 '게슈탈트(gestalt, 完形)'[49] 구조이다. 게슈탈트 구조는 하나의 전체로서 그 구성 요소보다 인지적으로는 오히려 더 단순하다. 즉, 완전한 형태가 구성 요소보다 인식하고 기억하며 사용하기가 더 쉽다는 것이다. 이는 이미 많은 심리학 실험에 의해 입증되었다. 흔히 볼 수 있는 인지 틀은 다음과 같다.

인지 틀	실례	환유 / 전환지시
용기―내용물	壶和壶中的水 주전자와 그 안의 물	壶开了 주전자가 끓는다
소유자―소유물	学生和书包 학생과 책가방	小王的 (书包) 샤오왕의 (것)(책가방)
물체―형상	女孩和胖瘦 여자와 몸매	苗条的 (姑娘) 날씬한 (이)(아가씨)
경험자―행위 / 경력	宝宝会哭 아이가 울다	老哭的 (孩子) 늘 우는 (이)(아이)
행위자―동작―피행위자	老张开车 라오장이 운전하다	开车的 (人) 차를 운전하는 (이)(사람)
행위자―동작―결과	小宝写字 샤오바오가 글씨를 쓰다	小宝写的 (字) 샤오바오가 쓴 (것)(글자)
행위자―동작―수용자―피행위자	玲玲送老师一束花 링링이 선생님께 꽃 한 송이를 드리다	玲玲送老师的 (花) 링링이 선생님께 드린 (것)(꽃)
행위자―동작―목표―피행위자	老张把书放在箱子里 라오장이 책을 상자에 넣다	老张放的 (箱子) 라오장이 책을 넣은 (것)(상자)

---

49) 역자주: 게슈탈트(Gestalt)는 형태, 구조를 의미하는 독일어로, 심리학, 영상학, 철학 등에서 주로 사용된다. 이는 부분이 모여서 이루어진 전체가 아닌 완전한 구조와 전체성을 지닌 통합된 전체로서의 형상과 상태를 가리킨다. 다시 말해, 전체는 부분의 합 이상임을 나타낸다.

현저성은 누가 누구를 환유할 것인지를 결정한다. A가 B를 환유하기 위해서는 A와 B가 동일한 인지 틀 내에 있어야 하고, 또 A가 B보다 더 현저해야 하며, A가 B를 부수적으로 활성화시킬 수 있어야 한다. 현저한 것을 사용해서 현저하지 않은 것을 환유하는 것이 일반적인 법칙이다. 환유의 현저성 효과는 일상생활에서 매우 흔하게 나타난다.

일반적인 경우에 전체는 부분보다 현저하고(큰 것이 작은 것보다 현저하다), 그릇이 내용물보다 현저하며(보이는 것이 보이지 않는 것보다 현저하다), 생명이 있는 것은 생명이 없는 것은 현저하다(움직이는 것이 움직이지 않는 것보다 현저하다). 또 가까운 것이 먼 것보다 현저하고 구체적인 것이 추상적인 것보다 현저하며, 영구적인 성질과 상태가 일시적인 성질과 상태보다 현저하다. 강세나 지시 등의 방법은 현저성을 높일 수 있다. 문맥은 현저성에 대해서도 상당한 조절 능력을 가지고 있다.

현저성을 '的'자 구조에 반영하면 다음과 같은 비대칭이 나타난다.

出版的(书) 출판된 (것)(책)	*书的 (出版)
建造的(桥梁) 건설된 (것)(교량)	*桥梁的 (建造)
聪敏的(孩子) 똑똑한 (이)(아이)	*孩子的 (聪敏)

환유이론은 '1가명사'이론도 개괄하여 해석할 수 있다. 예를 들어 보자.

头发稀少的 (老人) 머리카락이 드문드문한 (이)(노인)

1가명사 이론에 따르면, 전환지시가 성립하는 이유는 '头发(머리카락)'가 '某人(어떤 사람)'을 결합가로 하는 1가명사이기 때문이다. 여기서 다루는 것은 두 개의 하위 인지 틀로 구성된 '복합 인지 틀'이다. 하위 인지 틀 중 하나는 '老人(노인)—头发(머리카락)'이라는 '전체-부분'의 인지 틀이고, 다른 하나는 '头发—稀少(드문드문하다)'라는 '물체-성상'의 인지 틀이다. 이때 '头发'는 두 인지 틀의 공통 성분이다. 그런데 1가명사로 구성된 예가 아닌 것도 있다.

> 两个人合住一间的 (客房) 두 사람이 한 칸에 함께 묵는 (곳)(객실)
> 九十块钱一桌的 (酒席) 99위안에 한 테이블인 (것)(술자리)
> 百年难遇一次的 (地震) 백년에 한 번 겪기 어려운 (것)(지진)

여기에도 복합 인지 틀이 있는데, 이때는 '수량 분배'라는 하위 인지 틀과 '사물—수량'이라는 하위 인지 틀로 구성되어 있다. 1가명사가 말하는 것은 일종의 특수한 인지 틀로 보인다.

환유이론에는 전환지시와 관련된 약간의 후속 논의도 있었다. 왕하이펑(王海峰 2004)은 환유이론에 근거하여 야오전우(姚振武 1994)의 무표적 전환지시에 대한 분석을 통해 그것이 받는 제약을 지적하였다. 요시다 야스히데(吉田泰谦 2011)는 전환지시성 주어도 일종의 환유 용법이라고 했지만, '的'와의 관계가 크지 않기 때문에 여기서는 논의를 생략하기로 한다.

제6절 전환지시는 자기지시의 특수한 사례

주더시(朱德熙 1983)가 자기지시와 전환지시 개념을 도입한 것은 영어에 빗대어 술어성 성분을 명사화시킨 것에서 비롯되었다. 자기지시와 전환지시는 서로 다른 의미 유형의 명사화로, 서로 의미적으로는 대립하지만 문법적으로는 통일된다. kind가 kindness로 변하는 것은 자기지시식(自指式)의 명사화이고, write가 writer로 변하는 것은 전환지시식의 명사화이다. 두 가지모두 명사화라는 것이다.

그러나 이 그룹의 개념은 예상과 달리 중국어에 널리 존재하는 'NP的'와 직면해야 했기 때문에 'NP的'의 의미 기능은 변했지만 문법 기능은 변하지 않았다는 것을 인정할 수밖에 없다. 주더시의 명사화 개념 체계는 영어와는 다른데, 그 중에서 중국어의 자기지시와 전환지시는 품사에 의해 나누어진 것이라고 해야 한다.

문법＼의미	자기지시	전환지시
비명사화	$NP的_s$	$NP的_t$
명사화	$VP的_s$	$VP的_t$

똑같은 자기지시와 전환지시가 영어에서는 명사화로 통일되어 있는 반면, 주더시의 이론에서는 통일되어 있지 않다. 주더시 자신도 이 모순을 알았으며, 나아가 '者'자에 하나의 방안을 제시하고자 시도하였는데, 그것은 바로 자기지시를 전환지시에 포함시키는 것이었다. 그러나 우화이청 외(吳怀成等 2017)는 이렇게 되면 일종의 논리적 딜레마에 빠질 수 있음을 발견했다. 다시 말해, VP 뒤의 '者'를 명사화 표지로 규정하면 '者'를 전환지시 표지로 통일할 수가 없고, '者'를 전환지시 표지로 통일하면 VP 뒤의 '者'를 명사화 표지로 규정할 수 없다는 것이다.

위안위린(袁毓林 2003a)도 자기지시가 일종의 특수한 전환지시, 다시 말해

총체적인 전환지시라고 하였다. '的'자 구조인 'VP的'는 국부적으로 VP의 빈자리에 해당하는 논항 성분을 전환지시할 수도 있고, VP에 의해 야기된 사태나 속성을 총체적으로 전환지시할 수도 있다. 'VP的'의 VP에 통사적 빈자리가 없을 경우에는 이러한 '的'자 구조는 바로 총체적으로 전환지시하는 'VP的'이다. 예를 들어, '小王昨天晚上来的(샤오왕이 어제 저녁에 온 것)'는 바로 '小王昨天晚上来(샤오왕이 어제 왔다)'라고 하는 사태나 속성을 전환지시한 것인데, 그것은 '事儿(일)' 등의 명사를 수식하여 동일지시의 수식구조 '小王昨天晚上来的事儿(샤오왕이 어제 저녁에 온 일)'를 형성할 수 있다. 그러나 이 방안은 'NP的'의 비명사화 문제에 대한 것이 아닐뿐더러 개념 체계의 모순도 해결하지 못했다.

다만 위의 두 가지 방안은 모두 자기지시와 전환지시의 관계가 사실은 이원적 대립이 아니라 포함 관계라는 것을 인정한다는 점에서 진보적 의미가 있다. 결국 우화이청・선쟈쉬안(吳怀成・沈家煊 2017)은 선쟈쉬안의 중국어 품사포함 모델을 기반으로 전환지시를 자기지시에 포함시키는 새로운 통일 방법을 제시하였다.

제6장 5절에서 말한 '的'는 앞이 NP이든 VP이든, 또 의미적으로 '的$_s$'든 '的$_t$'든 상관없이 모두 앞 성분을 가리키는 지칭 표지이며, 달리 '큰 자기지시 표지("大自指标记, 的S'로 표기)'라고도 할 수 있다. '的'의 기능에 대해서는 '지시 성분의 식별도를 높인다'로 통일하였다고 했다. '的$_s$'와 '的$_t$'는 의미적 차이만 있을 뿐, 문법적으로는 모두 명사화 표지가 아니다. 이른바 '전환지시'란 자기지시의 지칭어에서 다른 것을 가리키는 지칭어로 바뀐다는 의미이며, 그 전제는 '가리킨다(指)'는 것이다. '가리킨다'는 것은 먼저 자기지시(自指)를 말한다. '开车(차를 운전하다)'에 '的'를 붙이면 차를 운전하는 사람을

전환지시하는데, 이때 전제는 '开车'가 먼저 '开车'라는 행위('开车的时候(차를 운전할 때))'를 가리킨다는 것이다. 전환지시는 일종의 (큰) 자기지시의 특별한 사례이다. 이를 그림으로 나타내면 아래와 같다.

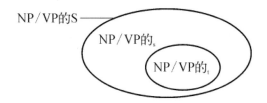

여기서의 의미 관계는 다음과 같다.

的 S : [+식별도 제고] [~의미 변화 유][50]
的$_s$: [+식별도 제고] [-의미 변화 유]
的$_t$: [+식별도 제고] [+의미 변화 유]

---

50) 저자주: '~'는 규정하지 않거나 특징값이 아직 정해지지 않았음을 의미한다.

제
8
장

참조체
-목표
구조식

참조체-목표 구조식

참조체—목표 구조(reference point construction)는 인간 사고 활동의 기본적 인지 구조이며 언어에서 환유의 인지 기반이다. 인지언어학은 이 구조를 이용하여 어휘적 환유와 문법적 환유, 그리고 '的'자 구조를 설명한다.

제1절 일상 인지 속의 참조체-목표 구조식

'참조체(参照体)'와 '목표(目标)'는 일상생활에서도 흔히 볼 수 있는 유용한 개념이다. '참조체'의 도움을 통해 어떤 '목표'에 도달하는 것은 사람들의 기본적인 인지 전략이다.(Langacker 1993) 누군가에게 그가 모르는 곳에 가라고 말하는 경우를 예로 들어보자.

同时小声把吴胖子的地址告诉她，让去吴胖子家。"就在这院里，拐个弯儿见垃圾站一直往下扎。"

동시에 작은 소리로 뚱보 우씨의 주소를 그녀에게 알려주고는 뚱보 우씨의 집으로 가게 했다. "바로 이 정원 안에 있으니, 모퉁이를 돌아 쓰레기장이 보이면 쭉 안쪽으로 들어가세요."(王朔『玩儿的就是心跳』)

이 예에서 화자는 청자를 '吳胖子家(뚱보 우씨 집)'으로 가게 하지만, 청자는 길을 모른다. 어떻게 해야 할까? 청자가 이 '목표'에 순조롭게 도달하도록 돕기 위해 화자는 '垃圾站(쓰레기장)'이라는 쉽게 발견할 수 있는 '참조체'를 차용할 수 있다. 주소를 안내하는 이 인지 활동에서 '참조체'와 '목표'는 모두 '这院里(이 정원 안)'라고 하는 동일한 지역 범위 안에 있다. '垃圾站(쓰레기장)'은 '这院里'에서 찾기도 쉽고 '吳胖子家'와도 밀접한 관련(一直往下扎(쭉 안쪽으로 들어가다))이 있기 때문에 목표를 식별하는 데 도움이 되는 참조체 역할을 하기에 적합하다. 이 지리적 경로의 전달은 아래와 같이 그림으로 나타낼 수 있다.

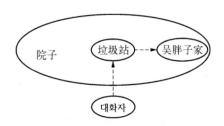

하나의 실체 개념을 참조점으로 하여 다른 실체와 심리적 연결을 만드는 것, 즉 마음속에서 의식적으로 해당 개체에 대한 식별을 촉발할 수 있게 하는 능력을 우리는 모두 가지고 있다.

이런 인지 전략은 매우 흔하고 너무나 평범하기 때문에 종종 그것의 존재를 간과한다. 만약 고개를 들어 밤하늘을 바라본다면, 길고 뚜렷한 국자 손잡이 모양 끝에 있는 별인 요광(搖光)에서 시작하여 개양(开阳), 옥형(玉衡), 천권(天权), 천기(天玑), 천선(天璇)을 거쳐 국자 모양 입구의 천추(天枢)에 이르는 북두칠성을 보게 된다. 이는 사실상 일련의 참조체와 목표로, 이 북두칠성이 바로 인지 영역인 것이다. 그리고 또 다시 북두칠성 전체를 하나의 참조체로 하여 국자 입구를 따라 천선에서 천추 방향으로 이 두 별 거리의 약 5배 거리를 가면 북극성을 찾을 수 있다. 이때 인지 영역은 하늘 전체로 확대된다. 만약 눈을 들어 멀리 바라본 것이 아니라 눈을 감고서 명상을 한다고 가정하면, 이 물리적인 공간은 심리적인 공간으로 바뀌고, 별 하나하나는 여전히 자신의 인지 범위와 거리를 가진다.

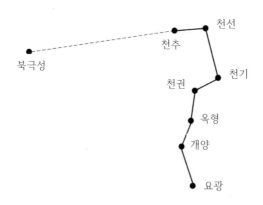

또 다른 예로 알파벳 암기를 들 수 있다. 모든 알파벳은 다음 알파벳에 대한 주의를 환기시키지만, 이러한 알파벳이 사실은 참조체라는 것을 우리는 보통 의식하지 못한 채 단지 알파벳만 암기할 뿐이다. 하지만 26개의 알파벳을 순서에 따르지 않고 하나씩 중복되지 않게 전부 다 말해보라고 한다면, 이것은 대다수 사람들에게 어려운 과제가 될 것이다. 이는 겨우 26개에 불과한 알파벳도 참조체의 도움을 떠나서는 목표를 찾는 것이 정말 쉽지 않음을 보여준다.

큰 형상은 형태가 없다(大象无形). 이러한 인지 전략은 매우 기초적이고 중 요하며, 이미 인간의 인지 메커니즘 기저에 깊숙이 침투하여 일종의 영상도 식(image schema, Johnson 1987, Lakoff 1987)으로 되었다. 인간의 인지와 언어 에 있어 이러한 인지 전략은 용기-내용, 출처-경로-목표, 부분-전체, 중심-주 변 등의 도식과 마찬가지로 상당히 중요하다.(Langacker 1993)

지리적 경로를 가리키는 것과 유사하게 심리적으로도 지칭 목표(target)에 도달하는 경로가 있다. 우리가 지칭하고자 하는 사물이 바로 지칭 목표이다. 목표역(dominion)에서 하나의 목표를 확인하려면, 즉 일정한 심리적 경로 (mental path)를 거쳐 목표와의 심리적 연결을 구축하려면 종종 참조체 (referencepoint, Langacker 1993)의 도움을 받아야 한다. 이 심리적 과정은 다 음과 같이 나타낼 수 있다.

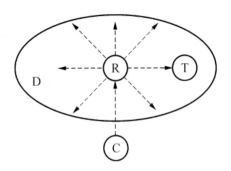

C = 개념화하는 주체(conceptualizer)
R = 참조체 T = 목표 D = 목표역
⋯→ = 심리 경로(Langacker 2008:84)

참조체는 목표에 도달하도록 주의를 끌어주는 역할을 하므로 반드시 상당한 정도의 인지적 중요성을 가져야 하고, 목표에 비해 높은 정보성과 현저성, 접근성을 지녀야 한다.(沈家煊等 2000) 또한 참조체와 목표는 반드시 동일한 인지 영역 안에서 서로 밀접한 관련이 있어야 한다. 이는 앞에서 언급한 뚱보 우씨 집 찾기 예에서 화자가 정원 바깥에 있는 건물을 참조체로 사용할 수 없는 것과 같다. 또한 참조체와 목표의 심리적 경로도 너무 멀어서는 안 되는데, 너무 멀면 도달할 수가 없기 때문이다. 양자의 심리적 경로의 거리는 접근성을 사용하여 나타낼 수도 있다.

소통하는 쌍방의 주의력이 모두 동일한 목표에 집중된다는 말을 들었을 때, 공동의 관심(joint attention)이 형성되어 언어 소통의 공통 장면(common ground) 구성에 참여하게 됨으로써 소통의 목적이 달성된다.(Tomasello 2008:78) 따라서 '참조체-목표'의 구조식은 원활한 언어 소통을 촉진하는 데 큰 역할을 한다.

제2절 언어 인지 속의 참조체—목표 구조식

우리가 지칭하고자 하는 사물은 하나의 지칭 '목표'이다. 하나의 목표를 확정하기 위해서는, 즉 하나의 목표와 심리적 연결을 구축하기 위해서는 때때로 참조체의 힘을 빌려야 한다. 예를 들어, 어떤 인물을 소개할 때 우리는 자신도 모르게 참조체-목표 도식을 사용하게 된다.

"你认识机械系的王平吗? 就是跟你先生一届的那个上海人?"
기계학과의 왕핑을 아세요? 바로 당신 남편이랑 같은 학번인 그 상하이 사람 말이에요.(白帆『那方方的博士帽』)

화자는 청자가 대화의 목표인 '王平(왕핑)'을 알고 있는지 확인하기 위해 '王平'과 연관성이 있는 청자의 '先生(남편)'을 참조체로 사용하였다. 이렇게 '참조체'를 빌려 '목표'에 도달하는 인지 방식이 언어 형식에서는 바로 '的'자 구조 '跟你先生一届的那个上海人(당신의 남편과 같은 학번인 그 상하이 사람)'으로써 표현된 것이다. 따라서 '的'자 구조는 일종의 '참조체-목표' 구조라고 할 수 있다.

래너커(Langacker 1993)의 논의에 따르면, 화제 구조와 일부 처소격, 대명사 대용(anaphoric), 어휘 환유 및 소유구조는 모두 참조체 구조로 설명할 수 있다.

소유구조에서 사물과 한정어를 참조체로 사용하는 것은 참조체 구조로 이해되기가 쉽다. 예를 들면 다음과 같다.

教堂旁边的自行车
교회 옆에 있는 자전거

湖中央的小岛
호수 한가운데의 작은 섬

姑娘的头发
아가씨의 머리카락

茶壶的把儿
찻주전자의 손잡이

校长的办公室
교장선생님의 집무실

这本书的重量
이 책의 무게

我的手表
나의 손목시계

他的堂兄
그의 사촌형

설명이 필요한 것은 다음의 예들이다.

红的花
붉은 꽃

红红的花
붉디붉은 꽃

红纸做的花   我用红纸做花的录像
붉은 종이로 만든 꽃   내가 붉은 종이로 꽃을 만드는 영상

성질형용사와 상태형용사 그리고 각종 동사구로 이루어진 관형어도 왜 참조체가 될 수 있는가? 래너커(Langacker 1993)는 "하나의 실체가 다른 실체의 특징을 내재적으로 묘사하는 것일수록 참조점으로 사용될 가능성이 높다"라는 해석을 내놓았다. 바꾸어 말하면, 이는 사물 자체보다 그 특징이 더 두드러지기 때문이라는 것이다.

영어의 경우 소유 관계를 나타내는 전치사 of는 두 실체 사이의 내적 관계를 나타낸다. 내재성은 부분-전체의 구조에 관한 것일 수도 있고, 물체를 구성하는 재료와 구조의 실체일 수도 있다. 또 다른 실체와 관련이 있는 실체에 대한 묘사일 수도 있으며, 사건과 주요 참여자간의 관계일 수도 있다. 이러한 모든 소유구조의 공통점은 하나의 실체가 참조점으로 활성화됨으로써 다른 하나의 실체(피소유자)와 심리적 연결을 형성한다는 것이다. 예를 들어보자.

a. the back of the bus; the tip of my finger
   버스의 뒷부분; 내 손가락 끝
b. a bracelet of pure gold ; a lump of coal
   순금 팔찌; 석탄 한 덩어리
c. a friend of Sheila; mayor of San Diego
   실라의 친구; 샌디에이고의 시장
d. the assassination of Lincoln
   링컨의 암살

중국어도 마찬가지다. 성질과 상태, 동작, 사건이 목표체(피소유자)에 대한 사실적인 설명이라면 모두 참조체가 되어 '的'자 구조를 만들 수 있다. 구체적인 문맥에서 참조체는 목표체를 인지 장면 속으로 도입한다. 화자와 청자 쌍방의 언어 소통 관점에서 말하면, 공동의 관심이 달성되고 언어 장면을 공동으로 구성하는 목표가 이루어졌다면 적절한 참조체는 목표체를 인지 장면에 입장시켰다고 할 수 있다.(이 책 제5장 7절 참조)

처소관계 표현법은 소유구조 표지의 주요한 역사적 원천이다. *Oxford English Dictionary*에 따르면, 영어의 of와 off는 모두 원시 게르만어의 af-, 즉 현대 영어의 ab-에서 왔으며, 기본적인 의미는 '분리'이다. 그런데 쟝란성(江蓝生 1999)에 따르면, '的'의 전신인 '底'는 처소사의 소유격 용법에서 유래한다. 공간에서의 지리적 연관성에서부터 심리적 공간에서 실체들 간의 연결로 발전하는 것은 소유구조 표지의 일반적인 발전 경로이다. 그러나 변하지 않는 본질은 참조체-목표 관계이다.

제3절 참조체의 정보성과 접근성, 그리고 현저성

참조체는 목표체보다 더 높은 정보성과 접근성 및 현저성을 가져야 한다.(沈家煊等 2000) 참조체의 정보성(informativity)은 목표를 식별하기 위해 신뢰할 수 있고 효과적인 정보 제공의 정도라고 정의할 수 있다.(Taylor 1994) 관련 있는 두 개의 실체가 있을 때 정보성이 높은 것이 참조체가 되기에 적합하다. 그래야 그것에 대해 더 많은 예측을 할 수 있으며, 그 반대의 경우는 그렇지 않기 때문이다. 일반적인 경우에 우리는 흔히 다음과 같이 말한다.

教堂旁边的自行车　　　　　湖中央的小岛
교회 옆에 있는 자전거　　　호수 한가운데 있는 작은 섬
姑娘的头发　　　　　　　　茶壶的把儿
아가씨의 머리카락　　　　　찻주전자의 손잡이

이는 모두 목표가 참조체에 종속된 정보이기 때문이다. 우리는 일반적으로 정보의 흐름과 반대로 말하지 않는다.

自行车旁边的教堂　　　　　小岛周围的湖
자전거 옆에 있는 교회　　　작은 섬 주위의 호수

头发的姑娘　　　　　　　　把儿的茶壶
머리카락의 아가씨　　　　　손잡이의 찻주전자

하지만 특수한 경우에는 인지 장면에서 원래의 목표물이 오히려 더 높은 정보성을 가지는 경우도 있다. 예를 들어 한 장의 사진에 주체가 작은 섬이며, 이 작은 섬이 화면 대부분을 차지하고 주변에 극히 일부만이 호수인 경우에는 '小岛周围的湖(작은 섬 주위의 호수)'라고 말할 수 있을 것이다.

참조체의 접근성(accessibility)은 기억이나 환경으로부터 관련 개념을 추출하기 쉬운 정도라고 정의할 수 있다. 이치는 간단하다. 이미 접근 가능한 개념만이 관련 목표와의 심리적 연결을 구축하는 참조체가 될 수 있기 때문이다. 텍스트에서의 화제(topic)는 접근성이 높은 성분이다.(Givón 1984 참조)[51]

---

51) 저자주: 텍스트에서 화제의 접근성에도 높고 낮음의 차이가 있을 수 있으며, 순서대로 나타나는 일련의 화제도 참조체 관계 사슬을 형성할 수 있다. 선쟈쉬안(沈家煊 2008a)은 텍스트 코퍼스를 사용하여 '객관적 시간의 거리'와 '화제가 이어지는 거리' 사이에 반드시 '심리적 도달'의 중간 단계를 세워야 하며 심리적 거리가 가장 중요하다는 점을 논증하였다.

참조체로 적합하지 않은 N은 일반적으로 화제로도 적합하지 않다. 명사술어문으로 이를 테스트해 보자.

窗前玫瑰花。	→	窗前的玫瑰花
창문 앞의 장미꽃		창문 앞의 장미꽃
*玫瑰花窗前。	→	*玫瑰花的窗前
前面马家沟。	→	前面的马家沟
앞쪽 마쟈거우		앞쪽의 마쟈거우
*马家沟前面。	→	*马家沟的前面52)

일반적으로 정보성이 높은 것이 접근성도 높고, 반대로 접근성이 높은 것이 정보성도 높다. 이는 정보성과 접근성이 모두 현저성과 관련이 있기 때문이다. 인지 심리적으로 말해 현저성이 높은 사물은 사람의 주의를 끌기 쉬우며, 반대로 사람이 어떤 부분에 주의를 집중하면 그 부분이 상대적으로 현저해진다. 개념의 정보성을 높이면 개념의 '현저성'도 높아진다. '把儿(손잡이)' 앞에 지시어 '这种(이런)'을 붙이는 것은 손가락으로 그 손잡이를 가리켜 사람들의 주의를 끄는 것과 같기 때문에 손잡이의 현저성을 높여준다. 문맥은 사물이나 개념의 현저성을 바꿀 수 있다. '把儿的茶壶(손잡이의 찻주전자)'가 일반적으로는 성립되지 않지만, 특정한 문맥이 있으면 성립할 수 있다. 범죄 사건을 조사하는 형사가 현장에서 찻주전자의 손잡이를 하나 발견했을 때는 '这个把儿的茶壶在哪儿?(이 손잡이의 찻주전자는 어디에 있습니까?)'라고 물을 것이다. 이러한 특수한 상황에서 '把儿'의 정보성과 접근성이 모두 높아졌기 때문에 가능한 것이다.

---

52) 저자주: '前面是马家沟(앞은 마쟈거우이다)'의 대응 의미인 경우에는 성립하지 않는다.

'참조체-목표'의 구축은 단어의 구조뿐만 아니라 텍스트의 구성에도 적용된다. 여러 개의 '참조체-목표' 관계가 연결된 고리처럼 긴밀하게 연결되어 '참조체-목표' 관계 사슬을 형성할 수 있다. 담화 속에서 새로운 목표들이 하나하나 전경화(前景化)[53] 되면서 낡은 참조체들은 하나하나 점차 배경화된다. '的'는 '참조체-목표' 관계 사슬에서의 위치에 따라 출현하고 생략될 것이다.(完权 2010 참조)

---

53) 역자주: 언어를 평범하지 않게 사용하여 두드러지게 보이도록 전면에 제시하는 것을 말하며, 그 반대는 배경화이다.

'N的V'의
형성

'N的V'의 형성

'这本书的出版(이 책의 출판)'으로 대표되는 'N的V' 구조[54]는 중국어 문법 학계를 수십 년간 곤혹에 빠뜨렸다. 문제는 두 가지인데, 하나는 'N的V'의 구성 및 이와 관련된 문제이고, 다른 하나는 제10장에서 논의할 내심구조 이론의 난제이다.

제1절 내부 구조

동사가 나타내는 동태적 특성(가장 중요한 것은 시간 측면이다)은 동사의 통사적 지위에 따라 달라진다. 장보쟝(张伯江 1993)은 주로 'N的'의 제약을 받는 동사의 문법적 성격에 대해 고찰했다. 그는 이 격식에 들어갈 수 있는 동사의 종류가 단음절동사 외에도 매우 다양하다는 것을 발견했다.

쌍음절 동목식: 许童童的在场 쉬통통이 현장에 있었다는 것
쌍음절 동보식: 孩子的长大 아이의 성장

---

54) 저자주: 이 총서 가운데 왕둥메이(王冬梅 2018)의 『汉语词类问题』(한역판: 이선희 역, 『중국어 품사 문제』, 역락, 2019) '서론'의 관련 논의를 참조하기 바람.

쌍음절 수식식: 人们的深思 사람들의 깊은 사려

숙어: 他的谙知人性, 洞达世情 그의 인간 본성에 대한 통찰, 세상 물정에 대한 통달

他的不食人间烟火 그의 속세 화식火食의 불식(인간 속세를 초월한 모습)

하지만 동사 전후의 문장성분 출현 가능성을 고찰한 결과, 동사의 술어성이 'N的V'에서는 포괄적이지 않고 제한적으로 나타난다는 것을 발견했다.

V 앞

油田大火的持续燃烧 유전 대형 화재의 지속적 연소(전용 부사어)[55]

法律部门的有意无意的纵容 법률 부문의 의도하지 않은 방임(전용 부사어)

李铠的不进后台[56] 리카이의 막후 미진입(부정부사)

掌权者的不肯认错 권력자의 과오 불인정(부정의 조동사)

『法制报』的强硬干预 『법제보』의 강경한 참견(형용사)

情人的彼此想念 연인의 상호 그리워함(대명사)

V 뒤

常四爷的爱大清国 넷째 창씨 할아버지의 청나라 사랑(명사목적어)

她的答应帮忙 그녀의 협조 응낙(동사목적어)

多种角色的塑造成功 다양한 역할의 형상화 성공(보어)[57]

我的忽然又想起了祭书[58] 나의 갑작스러운 제서 회상(상 표지)

---

55) 역자주: 이러한 어휘들은 동사를 수식하는 부사어로만 사용되고(专职的动词前加词) 명사를 수식하는 관형어로는 사용되지 않기 때문에 '唯状词'라고도 한다. 장보쟝(张伯江)은 '持续, 同时, 急速, 暗中, 无端, 悉心' 등의 어휘들이 모두 동사 앞에서 부사어로만 사용되는 단어이며, 대다수는 쌍음절 동사 앞에서 이를 직접 수식하여 비교적 긴밀한 4자 조합을 구성한다고 주장했다. 张伯江 「"N的V" 结构的构成」, 『中国语文』第4期, 1993.

56) 저자주: 어기부사, 범위부사, 시간부사는 모두 'N的V'구조에 들어가기 어렵다.

57) 저자주: '得'자 보어는 'N的V'구조에 들어갈 수 없다.

58) 역자주: 祭书는 책에다 제사 지내는 글임.

마지막 예는 동사 앞뒤 성분이 모두 갖추어져 있는 경우로 매우 드물고, 상당히 부자연스럽다. 이는 시간 의미를 가진 성분일수록 'N的V'에는 적합하지 않다는 것을 설명한다.

'N的V'의 성립 가능 여부를 결정하는 요인은 각 성분의 의미 기능이다. 동태조사나 방향보어, 동량보어, 시간부사처럼 동작의 시간적 의미를 나타내는 문법 특징들은 이 격식에 나타나기가 가장 어려우며, 서법(情态) 의미를 나타내는 일부 부사와 조동사도 이 격식에 출현하는 것이 그다지 쉽지는 않다. 이 두 가지와 관련이 없는 성분은 이 격식에 나타나는 데 있어 제약이 비교적 적다.59)

잔웨이둥(詹卫东 1998b)는 '동작성'은 약하지만 '사건성'이 강한 동사가 'N的V'구조에 들어가는 경향이 있음을 발견했다. 왕둥메이(王冬梅 2002)는 한 발 더 나아가 'N的V'에 나타난 동사의 타동성 특징을 고찰한 결과, 타동성이 높은 동사일수록 이 구조에 나타나기가 어렵다는 것을 발견했다. 이와 함께 'N的V'의 V가 동사성이나 동작성이 비교적 약하다는 것도 증명하였다.

이 글은 타동성의 높고 낮음을 판단하는 특징으로 참여자, 동작성, 상, 작용 정도, 순간성, 의지성, 피행위자의 개체화 정도, 피행위자의 피영향성 정도의 8가지를 사용했다. 타동성은 이 가운데 어느 한 특징에서 차이가 있는 두 개의 유의어가 'N的V'에 들어가는 능력을 비교하여 판단한다. 예를 들면, '逃跑(도망치다)'의 참여자는 한 명뿐이지만 '打跑(쫓아버리다)'의 참여자는 두 명인데, 전자는 'N的V'에 들어갈 수 있는 반면 후자는 들어갈 수 없다.

---

59) 저자주: 런잉(任鹰 2008)도 역시 'N的V'가 배척하는 성분이 기본적으로 모두 '문장 완결 성분'임을 설명하였는데, 이는 이 구조의 V가 이미 술어성, 진술성이 아님을 보여준다.

张三的逃跑 장싼의 도주　　　　　*张三的打跑

또 다른 예로 단음절 동사는 쌍음절 동사보다 동작성이 강하다.60)

我们的寻找 우리의 모색　　　　*我们的找
他的信任 그의 신임　　　　　*他的信

'着, 了, 过'는 'N的V' 안에서 제약을 받는 반면, 미래상과 반복상은 제약을 받지 않는데, 이는 미래상과 반복상이 나타내는 시간은 경계가 없는 특성, 즉 무계성(无界性)을 가지므로 시간성이 비교적 약하기 때문이다.

这本书的反复出版 이 책의 반복 출판　　　*这本书的出版了
他的惯于作弊 그의 습관적 (시험)부정행위　　*他的作着弊

다른 특징들의 양상은 차례대로 다음과 같다.

작용 정도: 他的要求 그의 요구　　　　*他的强迫
순간성: 他的学习 그의 공부　　　　　*他的学会
의지성: 他们的离散 그들의 흩어짐　　　*他们的拆散
개체화: 她的爱祖国 그녀의 조국 사랑　　*她的爱这两个孩子
피영향: 领导的提拔 지도자의 발탁　　　*领导的提升

타동성은 동사 범주화의 전형적인 표현이지만 'N的V'에서는 V의 타동성이 비교적 약한 것은 의심할 여지가 없다.

---

60) 저자주: 팡쉬쥔 외(方绪军等 2017)에서 'N的V' 구조에 들어갈 수 있는 30개의 단음절 동사를 고찰한 결과, '동작성'이 약하고 '사건성'이 강하여 명사에 더 가깝다는 것을 발견했다.

제2절 외부 환경

장보쟝(张伯江 1993)은 또한 문장 내에서 'N的V'구조의 지위와 역할대한 고찰도 하였는데 그 결과, V가 동사 원형이나 고정 격식일 때는 주어나 목적어가 되는 기회가 모두 흔하지만, V의 앞뒤에 약간의 부가성분이 포함되어 전체 'N的V'구조가 비교적 무거울 때는 주어가 되는 경향이 대단히 뚜렷하다는 것을 발견했다. 이는 'N的V'가 주로 구정보를 나타낸다는 것을 보여준다.

잔웨이둥(詹卫东 1998a)은 이에 대해 추가적인 조사를 실시한 결과, 그가 수집한 자료에서 "주어가 되는 'NP的+VP'의 수식구조는 모두 앞의 진술을 다시 가리키는 것"임을 발견했다. 완취안(完权 2010)과 왕은쉬(王恩旭 2015) 역시 서로 다른 각도에서 더 상세한 논증을 통해 'N的V'의 텍스트 전방조응 기능에 대해 설명하였다. 그런데 전방조응 용법의 V가 부각시키는 것은 동작성이나 과정성이 아닌 사건성이다.

위의 연구는 모두 주어로 쓰이는 'N的V'에 중점을 둔 것이다. 이와 달리, 왕둥메이(王冬梅 2010)는 목적어가 되는 'N的V'와 술어 동사를 연계하여 고찰하였는데, 그 결과 마찬가지로 'N的V'의 구성이 현실성과 밀접한 관련이 있음을 발견하였다. 한 사건의 현실성이 높을수록 사물로 보이기 쉬우며, 그 사건은 'N的V' 격식으로 부호화되기가 쉽다. 사건의 현실성에 영향을 미치는 요인은 주로 다음과 같다.

첫째, 이미 발생한 사건이 발생하지 않은 사건보다 현실성이 높다.

我**知道**这本书的出版。나는 이 책의 출판을 알고 있다.
*我**相信**这本书的出版。

둘째, 실현 가능성이 큰 사건은 실현 가능성이 적은 사건보다 현실성이
높다.

> 我**期待**这本书的出版。 나는 이 책의 출판을 기대한다.
> *我**希望**这本书的出版。

요컨대, 'N的V'의 V는 명사성을 나타내는 경향성이 있다.

제3절 주술문의 '的' 삽입론

그렇다면 'N的V'의 성질을 어떻게 인식해야 할까?

문법 역사상 여러 학자들(呂叔湘等 1952: 제1강 2절, 黎锦熙等 1957:4345, 丁声树
等 1961:6.4절)은 이에 대해 하나의 주술문에 '的'자가 삽입된 것으로 이해할
수 있다고 보았다. 그런데 이런 시각은 문제가 있다.

앞에서 밝힌 현상을 통해 보면 'N的V'의 목적은 동작을 진술하는 것이
아니라 시간을 지칭하는 데 있다는 것을 알 수 있는데, 이는 'NV'절의 기능
과 정확히 배치된다.

더 중요한 것은, 'N的V'와 'NV' 주술문이 자유롭게 변환할 수 없다는
점이다. 앞에서 인용한 왕둥메이(王冬梅 2002)는 '的'를 삽입할 수 없는 다양
한 'NV' 주술문의 예를 제공한 바 있다. 스딩쉬(石定栩 2003) 역시 절의 구조
가 조금만 복잡해도 주어와 술어 사이에 '的'를 넣을 수 없다는 점을 지적하
였다. 예를 보자.

这位记者她见过了。 이 기자는 그녀가 만난 적이 있다.

*这位记者她的见过了。

스딩쉬(石定栩 2003)는 또한 일부 'N的V'는 '的'를 삭제한 후에도 'NV' 주술문으로 환원할 수 없음을 지적하였다. 예를 들어, '的'의 앞이 종속관계를 나타내지 않고 관형절이나 형용사 관형어인 경우에 그러하다.

我支持**李工所主张的在河底开挖隧道**。

저는 리궁이 주장하는 강바닥에 터널을 파는 것을 지지합니다.

*我支持李工所主张在河底开挖隧道。

我不支持**这种劳民伤财的挨家挨户拜票**。

나는 이런 국민들을 고생시키고 재산을 축내는, 가가호호에 표를 부탁하는 것을 반대한다.

*我不支持这种劳民伤财的挨家挨户拜票。

스딩쉬(石定栩 2008)는 나아가 중간에 넣은 '的' 뒤에 오는 것이 동사인 구조는 원래의 주술구조에만 한정되지 않고 대량의 다른 구조도 있다는 것을 지적하였다. 예를 보자.

面向基层的扶贫帮困应该持续下去。

하층민에 대한 빈곤 구제는 지속되어야 한다.

大家对于名物化理论的批评都很中肯。

명물화 이론에 대한 모두의 비평은 매우 정확하다.

报纸上说的坐航天飞机旅行目前还无法实现。

신문지상에서 말하는 우주왕복선 여행은 현재 아직 실현이 불가능하다.

밑줄 친 구조는 '的'를 삭제한 후에도 주술구조로 환원되기 어렵거나 불

가능하다.61)

이는 'N的V'를 간단히 하나의 주술문에 '的'를 삽입한 것으로 이해할 수는 없음을 보여준다.

제4절 명사화 이론과 비한정동사 이론

주더시(朱德熙 1961a)는 주어·목적어 위치에 있는 동사도 변함없이 동사임을 논증하였는데, 그 뒤로 새로운 형식을 취하긴 했지만 여전히 이전의 방법을 그대로 답습하는 관점들이 끊임없이 나타났다.

스관간(施关淦 1981)은 내심구조 이론에서 출발하여 '这本书的出版'을 명사성 수식구로 인정하는 것과 '出版'을 동사로 인정하는 두 관점이 서로 모순된다고 보고, 이때의 '出版'은 '동명사' 또는 '명물화(施关淦 1988)'라고 주장하였다. 이는 내심구조 난제에 대한 대논쟁을 야기하였는데, 이 문제에 관해서는 제10장에서 상세히 논의하기로 한다.

명사화 이론에 가장 집착하는 사람들은 생성학파이다. 앞 절에서 말한 주술구조에 '的'를 삽입했다는 주장 역시 역시 생성학파의 한 관점을 계승한 것이다. 예를 들면, 허위안젠 외(何元建等 2007)는 'N的V' 명물화 구조는 종속관계를 나타내는 조사 '的'를 중심어로 하는 한정사구(DP)라고 주장한 것이 그러하다. 전통적인 견해의 부족함을 의식한 듯, 그는 "중국어의 명물화 구조는 상응하는 주술구조나 술목구조에서 변환된 것"이라면서 약간 확장을 하였다. 이를 통해 원래 설명하기가 어려웠던 '理论的发展(이론의 발전)'(*理论

---

61) 저자주: 위안위린(袁毓林 2010)은 이 예들의 기본 형식과 파생 과정에 대해 분석한 바 있다.

发展／发展理论(이론을 발전시키다))'과 같은 예도 포괄할 수 있게 된다.

구에 대한 생성문법의 분석에 관해서는 제10장에서 상술할 것이다. 여기에서는 'N的V'가 어떤 형식의 명사화를 통해 변형되었다고 주장하기 위해서는 반드시 앞 절에서 제기한 다양한 질문에 대답을 해야 논의를 전개할 수 있다는 점을 명확히 하고자 할 따름이다. 그렇지 않으면 아무리 훌륭한 이론이라도 사상누각에 불과할 것이다.

사실 스딩쉬(石定栩 2003)는 일찍이 앞 절에서 언급한 이유를 들어 명사화 주장을 반박했다. 그의 관점은 'N的V' 전체가 명물화를 거치는 것이 아니라 V가 먼저 명물화 된 다음 진짜 명사구처럼 앞에 관형어 'N的'를 붙였다고 본다는 것이다. 하지만 이 주장은 주더시(朱德熙 1983)가 밝힌 현실에 직면할 수밖에 없는데, 그것은 이른바 '제로형식 명사화'가 중국어에서는 인위적인 허구에 불과하다는 것이다.

'명사화'라는 길이 통하지 않게 되자 '동명사' 이론이 다시금 고개를 들고 등장하였다. 천궈화(陈国华 2009)는 'N的V'가 명사구의 한정어도 가지면서 그 중심어는 또 비정형 술어일지라도 술어의 중요한 특징도 간직하고 있기 때문에 이러한 현상을 명사성 비정형(非定式) 술어구로 규정할 수 있다고 주장했다. 그 논증 과정은 다음과 같다.

1) '出版'은 동사로 정해진 형식의 표지(定式标记)를 가질 수 있다.
2) 소유격 한정어('的'뿐만이 아님)의 제약으로 인해 '出版'은 정해진 형식의 표지를 붙일 수 없으며(*这本书的出版了, *这本书的会出版), 더 이상 술어가 될 수 없는(*这本书的商务印书馆出版) 등 술어의 특징 일부를 상실한다.
3) '这本书的出版'은 명사화된 형식 'the publication of this book' 외에, 동명사 형식 the publishing of this book이나 현재분사 형식 publishing this book에도 모두 대응한다. 중국어는 동명사와 분사를 구분할 필요가

없다.

4) 만약 정해진 형식의 표지를 붙인 술어를 정형적인 것, 정해진 형식의 표지를 붙이지 않은 술어를 비정형적인 것으로 본다면, 술어가 한정어의 한정을 받을 때가 바로 비정형적인 것이 된다.

5) 따라서 '这本书的出版'은 일반적인 술어구와 구별하기 위해 명사성의 비정형적 술어구라 할 수 있다. '出版' 그 자체는 여전히 술어여서 정도부사의 수식을 받을 수 있지만, 술어의 일부 특징을 상실하고 비정형적 술어가 되었다. 한정어의 한정으로 인해 전체 구는 명사성을 가지게 되었다.

사실, '명사화' 이론이든 '비정형 동사' 이론이든 모두 'N的V' 속의 V가 명사의 성질을 가지고 있다는 것은 인정하지 않을 수 없으며, 차이점이라면 단지 동사에서 명사에 이르는 연속통에서 두 견해가 서로 다른 단계에 대응된다는 것뿐이다.

연속통	품사	영어	중국어	견해
동사성 최강	동사	publish	出版	朱德熙
⇑	분사	publishing	出版	陈国华
⇓	동명사	publishing	出版	
명사성 최강	명사	publication	出版	名词化

가장 뚜렷하게 구별되는 것은 중국어가 이 연속통의 어느 곳에 나타나든 모두 같은 형태인 데 반해, 영어는 실질적인 형태 변화가 있다는 것이다. 흥미로운 것은 영어에서 형태가 같은 분사와 동명사 사이의 구간에서는 문법사적으로도 줄곧 논쟁이 끊이지 않았다는 것이다. 라틴어를 준용한 전통적인 영어교육 문법은 분사와 동명사로 나누었지만 학생들은 이를 명확히 구분하기가 어렵다. 쿼크 외(Quirk et al. 1985:1290)는 명사성과 동사성이 각각

다른 14개의 예를 열거하면서도 여전히 이것이 연속통이라는 것만을 설명할 뿐, 양자의 경계를 명확히 구분 짓지는 못했다. 가장 최근의 처리 방식은 명칭을 아예 ing 형식 또는 동명분사(gerund participle, Huddlestonet al. 2002)로 통일하는 것이다. 요컨대, 이런 처리 방식은 명사와 동사를 동일한 것으로 본다는 것인데, 이것이야말로 영어의 사실을 반영한 것이다.

중국어도 이와 마찬가지일 것이다. V는 강하든 약하든, 동사성이든 명사성이든 모두 같은 것이다. 문제는 동사(朱德熙 1961a)로 통일할 것인가 아니면 명사로 통일한 것인가(沈家煊2007a, 2016)이다.

선쟈쉬안(沈家煊)이 최근 10년 동안 수십 편의 글에서 진행한 논증에 따르면, 중국어의 동사는 명사의 한 하위부류이거나 명사에 포함되어 있다. 명사의 특징은 [+지칭]과 [~서술][62]이고, 동사의 특징은 [+지칭]과 [+서술]이다. 따라서 동사를 동태명사(沈家煊 2009a)라 부를 수도 있고, 아니면 아예 동명사(沈家煊 2013)라 해도 무방하다.

중요한 것은 명사의 한 하위부류로서 동사의 특수성, 즉 전형적인 기능이 진술어(술어)가 된다는 것과 전체 동사가 모두 그렇다는 것을 인식하는 것이다. 그러면 자연스럽게 'N的 V'는 'N的N'의 한 부류가 된다.

제5절 'N的 V'는 'N的N'

저우런(周韌 2012)은 'N的 V' 구조는 바로 'N的N' 구조라고 명확하게 논술했다. 그는 먼저 다음과 같은 왜곡된 비대칭 대응 모델을 논증하였다.

---

62) 저자주: 부호 ~는 자질을 규정하지 않거나 미확정임을 의미한다.

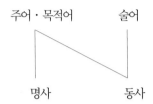

명사는 주어·목적어의 위치에서는 비교적 자유롭게 확장될 수 있으나, 술어 위치에서는 상당한 제약을 받는다. 반면 동사는 술어 위치와 주어·목적어 위치에서 모두 비교적 자유롭게 확장될 수 있다.

	주어 목적어	술어
명사	餐厅很干净。 식당은 매우 깨끗하다. 这家餐厅很干净。 이 식당은 매우 깨끗하다. 今天去的餐厅很干净。 오늘 간 식당은 깨끗하다. 餐厅里很干净。 식당 안이 매우 깨끗하다.	今天春节。 오늘은 설날이다 *今天这个春节。 *今天热闹的春节。 *今天春节时。
동사	跑步有益身心健康。 달리기는 심신 건강에 유익하다. 慢慢地跑步有益身心健康。 천천히 달리기는 심신 건강에 유익하다. 跑了步就想睡觉。 달리기를 하면 자고 싶어진다. 跑不跑步关你的事? 달리든 말든 네가 상관할 일이냐?	孩子们跑步。 아이들이 달린다. 孩子们慢慢地跑步。 아이들이 천천히 달린다. 孩子们跑了步。 아이들이 달렸다. 孩子们跑不跑步? 아이들이 달리느냐 달리지 않느냐?

따라서 명사의 전형적인 용법은 주어·목적어가 되는 것이지만, 동사의 전형적인 용법은 술어뿐만 아니라 주어와 목적어가 되기도 한다. 이러한 분포는 명동포함 모델을 지지한다. V가 N의 한 부류이기 때문에 'N的V'도 'N的N'의 한 부류이거나 'N的V'구조가 곧 'N的N'구조라 할 수 있다.

바로 이러한 이유로 'N的V'구조는 다른 모든 'N的N'구조와 마찬가지로 참조체-목표 구조가 되며, 정보성과 접근성, 현저성 등의 측면에서 'N的N'과 동일한 특성을 나타낸다.(沈家煊等 2000)[63]

예를 들어, 관형어는 더 많은 정보를 제공하기 때문에 다음과 같다.

> ? 制度的建立
> 社会主义制度的建立 사회주의 제도의 건립
> ? 传统的发扬
> 革命传统的发扬 혁명 전통의 고양

고정적인 조합은 접근성이 비교적 높기 때문에 다음과 같다.

> 고정 조합:
> 追求真理 진리를 추구하다
> 真理的追求 진리의 추구

> 비고정 조합:
> 追求莉莉 리리를 추구하다(리리에게 구애하다)
> ? 莉莉的追求

인지 심리적으로 현저성이 높은 사물은 사람의 주의를 끌기 쉬우며, 반대

---

63) 저자주: 이 책 8.3절 참조.

로 사람이 어느 부분에 주의력을 집중하면 그 부분이 상대적으로 현저해진다. 작가 주더(朱德)64)는 어머니를 회상하는 글을 썼는데, 작가인 그의 입장에서는 글을 쓸 때 주의력을 먼저 어머니에게 집중하였기 때문에 어머니가 상대적으로 두드러지게 나타나서 글의 제목을 '어머니의 추억(母亲的回忆)'이라고 정하였다. 그런데 편집자의 입장에서는 작가의 '어머니'에게 주의력이 집중되기가 어렵고 글의 제재인 회고록에 우선 관심을 갖게 되었기 때문에 자연히 제목을 『나의 어머니를 추억하며(回忆我的母亲)』로 수정하였다.

---

64) 역자주: 1996-1976, 중국의 군인이자 정치인. 1949년 중국인민공화국 수립 이후 국가 부주석, 전국인민대표회의의 상무위원장 등을 지냄. 중국공산당의 정치 지도자로 개국원수 10인으로 꼽힌다.

제
10
장

내심구조의
난제

내심구조의 난제

'N的V'구조 또한 내심구조 이론에 대한 큰 논의를 촉발했다.

제1절 문제의 제기

블룸필드가 정의하는 내심구조(edocentric construction)는 전체의 문법적 기능과 같은 기능을 하는 직접성분이 적어도 하나이상 있는 구조를 말한다. 내심구조에서 전체와 기능이 같은 직접성분을 이 내심구조의 핵심이라고 한다.

내심구조 이론의 또 따른 표현은 문법구조의 '중심확장 원칙(head feature extension)'이라고도 하며, 약칭하여 '확장 원칙'이라고도 부른다. 이는 하나의 성분을 중심으로 구조를 확장하게 되면, 확장된 이후 구조의 문법적 성질은 중심성분의 문법적 성질과 일치한다는 것이다.

주더시(朱德熙 1961a)는 '这本书的出版是有重要意义的(이 책의 출판은 중요한 의의가 있는 것이다)'에서 '出版(출판하다)'이 부사어의 수식을 받을 수 있기 때문에('这本书的迟迟不出版(이 책의 지지부진한 미출판)') 여전히 동사라는 것을 논증했다. 그런데 전체 구조는 술어가 될 수 없고 부사의 수식도 받지 않기 때문에 명사성이다.

하지만 스관간(施关淦 1981)은 내심구조 이론에서 출발하여, '这本书的出版'을 명사성 수식구라고 주장하면서 그 중심어(핵심)인 '出版'은 동사이며 '명물화'로 볼 수 없다고 하는 견해는 내심구조이론에 어긋난다는 모순을 지적했다. 이로 말미암아 내심구조 난제에 관한 대대적인 논의가 촉발되었고, 이는 이후 30여 년 동안 지속되면서 새로가 견해가 끊임없이 이어졌다.

제2절 기준의 수정

앞 절의 문제를 해결하기 위해 주더시(朱德熙 1984)는 내심구조의 정의를 수정하고자 하였다. 왜냐하면 '木头的房子(나무로 된 집)'는 '木头的(나무로 된 것)'와 '房子(집)'라는 두 개의 핵심을 가지고 있는데, 이들은 모두 '木头的房子'와 문법적 기능이 같기 때문이다.

住木头的房子	住木头的	住房子
나무로 된 집에 산다	나무로 된 곳에 산다	집에 산다
木头的房子好	木头的好	房子好
나무로 된 집이 좋다	나무로 된 것이 좋다	집이 좋다

따라서 의미 기준을 늘리고 다음과 같이 내심구조의 정의를 수정할 필요가 있다. 내심구조는 그 기능이 문법적으로는 전체 구조와 동일하고 의미적으로는 동일한 의미 선택의 제약을 받는 직접성분이 적어도 하나 이상 있는 통사구조를 말한다. 전체 구조와 기능이 같고 동일한 의미 선택의 제약을 받

는 직접성분이 내심구조의 핵심이다. 'N的V'에 대해 주더시는 'N的'가 'N的V'를 대용할 수 없다는 것을 인정하긴 했지만('技术的进步'는 '技术的'라고 말할 수 없다), 'N的V'와 'N的N'은 여전히 중요한 공통점이 많으므로 넓은 의미에서는 같은 구조라고 볼 수 있다는 점을 강조했다.

루빙푸(陆丙甫 1985) 역시 내심구조의 정의를 수정하고자 했다. 그는 구조 AB의 기능이 A 또는 B에 의해 결정된다면(더 이상 동일하지 않음) 그 A 또는 B가 핵심이라는 '규정적' 기준을 도입할 것을 제안하였다. 이로써 'N的'와 'V的'는 的$_3$을 핵심으로 하여 하나로 통합된다. 이는 '的'를 핵심으로 하는 최초의 관점이다.

그러나 스관간(施关淦 1988)은 이 두 가지 수정 방식을 모두 인정하지 않았다. 주더시(朱德熙 1984)에 대해, 스관간(施关淦 1988)은 의미 기준을 도입하는 것은 내심구조의 정의와 양립할 수 없는데, 이 두 기준이 주더시(朱德熙 1984)에서는 함께 사용되기도 하고 분리되어 사용되기도 하는 등 일관성이 없다고 주장했다. 그런데 두 가지 기준을 함께 사용하면 'N的V'가 외심구조(离心结构)라는 결론에 도달한다.

루빙푸(陆丙甫 1985)에 대해서도 스관간(施关淦 1988)은 수정 사유가 불충분하여 오해의 소지가 있다고 주장했다. 또한 '규정적' 기준은 확장, 교체 등의 문법 수단과 내심구조 이론의 긴밀한 연결을 떼어놓기 때문에 원래의 '동등성 기준'을 대체할 수 없다. 예를 들어, '的'자구는 '的'에서 확장되었다고 볼 수 없으며 '的'로 전체 구를 대체할 수도 없다.

우창안(吴长安 2006)도 내심구조 이론이 '관형어+명사'와 '부사어+동사'를 구분하지 못한 것은 내심구조 내부 기능의 귀납에서 모순이 나타나는 근본 원인이라고 덧붙였다.

하지만 샹멍빙(项梦冰 1991)은 'N的V'가 단지 주어나 목적어가 되어 지칭만을 나타낼 뿐, 술어가 되어 진술을 나타낼 수는 없기 때문에 이를 모순이라고 보지 않았다. 그는 이때 동사가 지칭을 나타내는 기능을 하기 때문에 이 V가 반드시 명사로 바뀌었다고 해석할 필요는 없다고 주장했다. 이 주장은 '出版'이 동사라는 것도 인정하면서 내심구조의 이론도 지키는 것으로, 둘 다를 모두 만족시키는 견해를 찾고자 하는 시도로 볼 수 있다. 그러나 이는 핵심이 되는 동사에게 난제를 떠넘긴 것일 뿐 실제로 문제를 해결하지는 못했으므로, 왜 중국어 동사가 직접 주어나 목적어가 될 수 있는지에 대해서는 여전히 답을 내놓아야 한다.

제3절 이론적 반성

기준을 수정하는 것이 효과가 없자 혹자는 내심구조 이론 자체에 의문을 제기하기 시작했다. 스푸전(司富珍 2006)은 '블룸필드 난제'를 두 가지 측면으로 요약했다. 하나는 일부 내심구조에서 중심어가 전체 구조의 기능과 일치하지 않을 수 있다는 것이고, 다른 하나는 외심구조 이론에는 전체 구조의 문법 특징을 '표현하기에 충분한' 품사가 존재할 수 있다는 것이다. 천궈화(陈国华 2009)는 구와 구의 핵심이 동일한 기능을 가질 수가 없다는 점을 논증하고자 하였다. 왜냐하면 같은 등급과 같은 종류의 문법 단위만이 동일한 기능을 가지는데, 구와 단어는 등급이 서로 다른 언어 단위이고 같은 종류의 형식도 아니기 때문이다.

하지만 황허빈(黄和斌 2004)은 위의 의문이 사실은 모두 블룸필드의 '내심구조관'에 대한 오해라고 분석했다. 원문이 매우 상세하니 여기서 더 이상 자세히 인용하지 않기로 하며, 관심 있는 독자는 가능한 한 원문을 살펴보기 바란다.

언어학 이론도 그에 대해 반성과 의문 제기를 할 수가 있다. 하지만 내심 구조 이론은 언어의 '귀환성(遞归性)'을 반영한다. '귀환성'이란 동물의 신호 체계와 구별되는 인류 언어의 특징 가운데 하나로, 인류 언어의 창조적 능력을 나타낸다. '귀환성'을 인정해야만 인류 언어가 '유한한 수단의 무한한 사용'인 이유를 설명할 수가 있다. '확장 원칙'을 포기하는 것은 언어의 '귀환성'을 파괴하는 것이며, 그렇게 되면 인류 언어의 창조성은 논할 수가 없게 된다. 세계의 언어가 '병치'와 같은 복잡한 의미를 표현하기 위해서 귀환 외에도 다른 수단을 사용할 수는 있지만, 궁극적으로는 '확장 원칙'을 위반하면서까지 '귀환성'을 파괴해서는 안 된다.

제4절 중심의 확정

생성문법 이론의 발달로 '핵심'에 대한 새로운 인식이 생겨났다. 구조주의 문법 체계에서는 통사 성분으로 작용할 수 있는 실사만이 핵심이 될 수 있으며, 핵심은 본질적으로 의미 중심어에 속한다. 반면 생성문법 체계에서는 실사와 허사는 물론이고, 심지어 시(时), 상(体), 태(态) 등의 기능적 성분도 중심어가 될 수 있으며, 이 중심어는 본질적으로 통사 기능 중심어에 속한다. 이러한 새로운 중심어 이론으로 인해 더 이상 V를 'N的V'의 핵심으로 보지 않고 '的'를 핵심으로 해석하려고 시도하는 등, 'N的V'의 중심에 대해 전과는 다른 인정 방식이 생겨났다.

이와 유사한 견해는 DP이론, DeP이론, 표지어이론 등 여러 가지가 있다. 이에 대해서는 11장에서 상세히 설명하기로 하며, 여기서는 DP이론만을 예로 들어 '的'를 중심어로 삼을 때 발생하는 문제에 대해 논의하고자 한다.

DP구는 한정사구(determiner phrase)를 가리킨다. DP이론은 주로 이론적 개괄성의 측면에서 한정명사구와 시태동사구(IP) 사이의 구조적 평행성을 개괄하기 위해서 제안되었다. 예를 들어 다음 두 개의 예는 평행성을 나타낸다.

商务这本书的出版　　　　　商务出版了这本书
상무(출판사)의 이 책의 출판　　　상무는 이 책을 출판했다
商务的出版这本书　　　　　商务出版了这本书
상무의 이 책 출판　　　　　상무는 이 책을 출판했다

이를 그림으로 나타내면 다음과 같다.

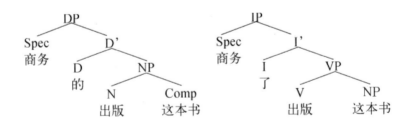

시태동사구 또는 IP절은 동사구 VP에 대한 기능범주 I(시태)의 확장이고, 한정명사구 DP는 명사구 NP에 대한 기능범주 D(한정)의 확장이다. 만약 지정어 Spec의 자리가 비어 있으면 '这本书'는 위치 이동을 통해 이 자리로

올 수가 있다. 이로써 '这本书的出版(이 책의 출판)'과 '这本书出版了(이 책이 출판되었다)'가 생성된다.

수형도를 통해서 또 이 분석법이 직면해야 할 가장 직접적인 문제를 알 수 있다. 중국어의 경우에 '的出版'을 '出版了'와 같이 직접성분으로 보는 것은 사람들의 어감에 심각하게 위배된다. 주더시(朱德熙 1961b)에서부터 후접성분 '的'는 운율, 의미, 구조적으로 모두 앞 성분과 결합하여 하나의 직접성분을 구성한다. '的'를 중심으로 보는 분석은 운율구조 형식과 통사구조 형식 사이의 모순을 가져왔는데, 저우궈광(周国光 2006)은 이를 괄호 역설이라고 불렀다. 루젠밍(陆俭明 2010)도 분석을 통해 '的'가 소유자 뒤에만 붙일 수 있음을 논증하였다.

생성문법론자도 이러한 어감에 동의하지 않는 경우가 있다. 덩쓰잉(邓思颖 2006)은 의미가 매우 공허한 '的'를 중심어로 보는 것은 의미론적 검증과 근거가 부족하고, '的'가 오히려 앞에 있는 성분과 함께 부가어를 형성하여 '的' 뒤의 성분을 수식할 가능성이 더 높다고 지적했다. 스딩쉬(石定栩 2008) 역시 이와 비슷한 견해를 가지고 있다. 리옌후이(李艳惠 2008)는 '的'가 통사적으로는 중심어와 비슷하지만 구의 구조상 중심어의 특징을 갖고 있지 않아 '的' 자 구로 파생시킬 수 없기 때문에 '的'를 포함하는 모든 구를 DeP에 귀속시켰다고 주장했다.

판하이화·루쉬(潘海华·陆烁 2013)는 생성문법 이론의 내부적 시각을 통해서도 다음과 같은 문제를 발견했다.

1) '的'자 앞뒤 성분의 의미 관계를 구분할 수 없다.
2) '张三的李四的书(장싼의 리쓰의 책)'와 같이 여러 개의 '的'자가 있는 복잡한 구조에 대해서는 적절한 처리 방법을 제시하지 못했다.

3) DeP와 DP의 관계를 설명하지 않았다.

4) '的' 뒤 성분의 생략 현상에 대해 설명할 수 없다.

저우런(周韌 2012)은 또 다른 이론적 모순을 발견했다. 만약 '的'를 'N的 V'의 중심이라고 하게 되면 중심을 뺀 나머지 부분은 전체 구조와 통사 및 의미 기능이 달라야 하는데, '木头的房子(나무집)'와 '红的花(붉은 꽃)'와 같이 가장 흔히 보이는 명사구조차도 그렇지 않다는 것이다. 그러나 이 글은 '的' 가 'N的'의 (기능) 핵심이라는 것을 배제하지는 않는다고 강조했다.

요컨대, 생성문법은 이미 '的'를 중심으로 하는 온갖 발상을 모두 다 시도 했지만 여전히 완벽한 방안을 찾지 못하고 있다.

제5절 난제의 해결

인지언어학의 관점에서 볼 때, 'N的V'가 직면하는 내심구조의 난제가 구 조주의와 생성문법의 패러다임에서는 대부분 진정한 해결이 불가능한 가짜 문제이다.

내심구조 이론은 파생 수단을 통해 조직된 언어 구조의 문제를 해결해준 다. 그러나 단어나 구, 심지어 문장을 구성할 때도 중국어는 인도유럽어보다 개념혼성의 수단을 더 많이 사용한다. 바꾸어 말하면, 중국어는 단어뿐만이 아니라 구와 문장도 모두 복합의 방식으로 구성된다.

선자쉬안(沈家煊 2006a, 2006b, 2007b, 2008b)은 중국어가 개념혼성을 통해 달성한 혼합통사법65)을 상세히 기술한 바 있다. 이를 바탕으로 선자쉬안(沈 家煊 2016)에서는 '这本书的出版(이 책의 출판)'의 혼성 과정을 논하였다.

'하나의 사물을 지칭한다'와 '하나의 사건을 묘사한다'에서 각각 일부를 떼어내어 합치면 '하나의 사건을 지칭한다'가 될 수 있다. '这本书的N(이 책의 N)'(N은 '封面(표지)', '样态(양식)'와 같은 '사물'을 지칭)과 '出版了这本书(이 책을 출판했다)'('出版(출판하다)'은 '일'을 진술)이라는 두 개의 개념에서 각각 일부를 잘라서 통합한 산물이 바로 '这本书的出版'으로, "하나의 '일'을 지칭한다".

혼성은 항상 두 개의 개념에서 각각 일부를 잘라내어 붙이는데, 두 개념은 각각 일부분을 압축해버린다. '这本书的N'의 일부 명사적 특징이 압축되었지만('这本书的迟迟不出版'이라고 할 수 있다), 결국은 술어가 될 수는 없다. 또 '出版了这本书' 역시 시태 특징이 압축되었지만('这本书的出版了'라고 할 수는 없다), '出版'은 결국 약간의 수식을 받을 수는 있다. 마지막에 형성된 혼성체 '这本书的出版'은 결국 하나의 모순된 복합체로 된 것처럼 보인다.

'중심확장원칙'의 전제는 '부분 성분이 전체의 성질을 결정할 수 있다'는 것이기 때문에 전체의 성질과 중심성분의 성질은 반드시 일치해야 한다. 또 혼성이론의 전제는 '전체의 성질이 완전히 부분 성분에 의해 결정되지는 않는다'는 것이기 때문에 혼성체가 반드시 중심성분의 확장으로 분석되고 환원될 수 있는 것은 아니며, 또 꼭 그럴 필요도 없다. 예를 들어 '大树(큰 나무)'는 '树(나무)'의 확장이라고 할 수 있지만, '大车(가축이 끄는 짐수레)'는 '车(차)'의 확장이라고 말할 수 없다. 우리는 '一辆小大车(작은 짐수레 한 대)'라고 말할 수는 있지만 '一棵小大树'라고 말할 수는 없다. 왜냐하면 하나의 혼성체로서 '大车'는 구조와 의미적으로 모두 '大＋车'와는 다르기 때문이다.

영어 the publication of this book은 혼성 정도가 낮기 때문에 중심성

---

65) 저자주: 개념혼성과 혼합 통사법에 대해서는 이 총서 류탄저우(刘探宙 2018) 『说"王冕死了父亲"句』를 참고하기 바란다.

분의 확장으로 분석되고 환원될 수 있는 반면, 중국어 '这本书的出版'은 혼성 정도가 높기 때문에 중심성분의 확장으로 분석되고 환원될 수가 없다. 이것이 중국어와 인도유럽어의 차이이다. 이러한 측면에서 말한다면, 이른 바 '这本书的出版'이 '확장 원칙'에 위배된다는 문제 역시 더 이상 진짜 문제가 아닌 것이다.

제
11
장

생성문법의
탐색

생성문법의 탐색

'的'에 대한 생성학파의 연구는 대단히 많은데, 이 장에서는 중심어 이론의 주요 논의와 관련된 부분만을 다루기로 한다.

제1절 DP중심어론

DP이론을 '的'자 구조의 분석에 가장 먼저 도입한 사람은 청궁(程工 1999: 188-189)이다. 이후 심슨(Simpson 2001, 2002)과 슝중루(熊仲儒 2005, 2017)가 세세한 부분에서는 차이가 있지만 모두 '的'자 구조 'XP的(YP)'를 '的'가 중심어가 되는 DP로 분석하였다. 이러한 관점은 다음과 같이 그림으로 나타낼 수 있다.

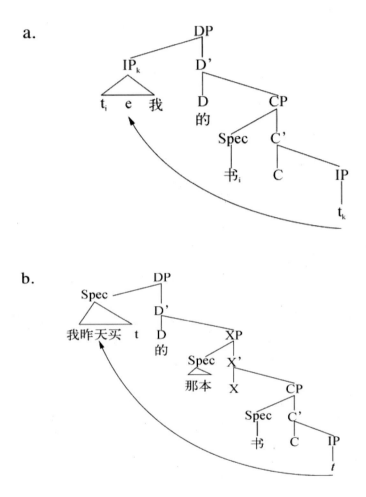

이들 관점은 모두 반드시 '的'자 구조가 상응하는 절에서 파생되었다고 가정해야 하기 때문에 해석하기 어려운 예에 부딪힐 수 있다. 이러한 예는 주요 논항을 추출하는 전형적인 관계절도 아니고, 심지어 관계화에서 온 관형절도 아니다. 따라서 이들은 모두 대응하는 절로 단순히 환원할 수가 없다. 예를 들면, 주변격(peripheral case)을 추출한 '面向基层的扶贫帮困(하층민에 대한 빈곤 구제와 지원)'(石定栩 2008), 무공백 관계절(Gapless Relative Clauses,
Chenget al. 2009)에 해당하는 '毒蛇咬的伤口(독사가 문 상처)', '他写书的动机
(그가 책을 쓴 동기)', '他唱歌的声音(그가 노래하는 목소리)', 화제구조에서 변환된
관형어절에 해당하는 '灯光开得最亮的演员(스포트라이트를 받는 배우)', '停车最
难的超市(주차가 가장 어려운 도시)'(张伯江 2012), 그리고 동격어절에 해당하는
'多国部队空袭利比亚的消息(다국적 부대의 리비아 공습 소식)' 등이 그것이다. 이
들 용례는 위 그림과 같은 분석 방법을 적용할 수가 없다.

  '的'를 D로 하기 위해서는 '的YP'가 하나의 독립된 통사구조라는 것을
인정해야 한다. 이는 사람들의 어감(周国光 2006)으로나 생성문법 이론 내부
(邓思颖 2006)적으로나 모두 수용하기가 어렵다. 슝중루(熊仲儒 2005)는 '的'를
'之'와 비교했지만, 사실 이러한 비교는 근거가 부족하다. 둘 중 하나는 후치
하고 하나는 전치하는데, 위치의 차이는 통사구조의 차이를 결정한다. 지시
어에서 유래한 '之'(刘丹青 2005:14)는 후치성이 있어서 '这, 那'와 유사하여
D로 분석할 수도 있지만, 이러한 분석법은 부착 방향이 반대인 '的'에는 적
용되지 않는다. 비교해보자.

> 之二虫又何知 이 두 벌레가 또 무엇을 알겠는가? (庄子『逍遥游』)
> 这(*的)二只虫又知道什么呢? 이 두 벌레가 또 무엇을 알겠는가?
> 麟/之趾기린/의 발 (『国风·周南·麟之趾』)
> 麟的/趾기린의/ 발

  스딩쉬(石定栩 2008)는 이 이론의 가장 근본적인 문제는 그것이 실제로
X-Bar이론과 일치하지 않는다는 것이라고 지적했다. 고전적인 X-Bar이론
에 따르면, 핵어는 보충어(complement)와 함께 심층에 자리하기 때문에 관

계가 더욱 긴밀하여 함께 하나의 통사 단위를 구성하고, 하나의 전체로서 통사 작용을 한다. 그런데 '的'를 D로 보는 구조 분석은 보충어에 대한 핵어의 지배 관계를 나타내는 가장 기본적인 핵어-보충어 관계에 위반된다. 따라서 합리적인 해석을 찾기 위해서는 '的'의 후접성을 반드시 중시해야 한다.

홍솽 외(洪爽等 2017) 역시 다음과 같이 몇 가지 의혹을 제기했다.

1) 소유구조는 NP로 분석될 가능성이 있는데, 예를 들어 '董事长的翻译(회장의 통역)'는 개인이 아닌 직위를 나타낼 수도 있는데, 이 경우에는 DP로 이해해서는 안 된다. 총칭(通指)과 한정(定指)의 두 가지 설명 모두 '的'에 의한 것이라고 보기는 어렵다.

2) 관형어의 어휘 의미에 따른 지칭 범위의 제한 역시 '的'에 의한 것이라고 보기는 어렵다. 예를 들어 '女孩的自行车(여자아이의 자전거)'는 여성용 자전거의 어느 한 모델을 가리킬 수도 있다.

3) 황 외(Huang et al. 2008)는 '这 / 那'를 D[66]로 분석했는데, 그렇다면 이 경우 '我的那个朋友(나의 그 친구)'와 같이 지시어와 '的'자 구조가 함께 나타나는 예를 어떻게 분석할 것인가의 문제가 생긴다. 따라서 다층 DP 분석은 중국어에서 성립하기가 상당히 어렵다.

제2절 CP론

마찬가지로 '的'를 '之'와 비교하기도 하였는데, 스푸전(司富珍 2002)은 천궁(陈工)의 'DP'론에 만족하지 않고 '的'가 CP의 핵어라는 결론을 내리고, 이후 여러 편의 논문(司富珍 2004, 2006, 2009)을 통해 이에 관해 다방면으로

---

66) 저자주: 홍솽 외(洪爽等 2017)의 이 부분도 장보쟝(张伯江 2010)에 수록되어 있는데, 장보쟝(张伯江 2010)에서 제목은 「限定性成分的语用属性(한정성 성분의 화용적 특징)」이다. 이 논문에서는 이를 통사적 D와 다른 화용적인 '한정 성분'이라고만 했다.

논증하고 아울러 약간의 수정을 가하였다. 이 이론의 출발점은 'N的V' 구조이므로 '的'의 일반적인 위치는 주어와 서술어 사이라고 주장했다.

하지만 슝중루(熊仲儒 2005)는 이 이론이 '这本书的出版'에서 '出版'의 명사성을 설명하지 못한다고 지적했다. 그리고 상식에 어긋난다는 이유로 저우궈광(周国光 2005, 2006) 역시 CP론에 대해 의혹을 제기했다. 이러한 이론이 동사중심어의 용례에는 적용될 수 있지만, 실제로 더욱더 일반적인 명사중심어의 용례에는 적용될 수 없다는 것이다.

따라서 '这本书的出版'에서 '出版'의 동사성을 강조하는 것은 통하지 않는 듯하다. 그런데 이를 명사로 보고 'N的V'를 'N的N'(周韧 2012)으로 간주하여 처리함으로써 CP론을 포기하면 또 다른 출구로 이어질 수 있을 것이다.

제3절 부가어론

더 광범위한 해석력을 가진 이론을 모색하기 위해 덩쓰잉(邓思颖 2006)은 부가어(adjunct)론을 지지했다. 스딩쉬(石定栩 2008)는 "형식문법의 관례에 따르면 관형어는 중심어에 부가되어야 한다"며 이에 대해 더욱 상세한 설명을 하였다. 즉, 다음 구조도 a를 구조도 b로 대체한 것이다.

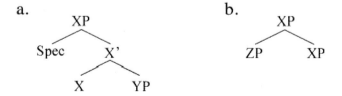

부가어론을 사용하여 '的'가 DP 중심어임을 반대하는 것은 장점도 있지만, 이와 모순되는 언어적 사실도 존재한다.

1) 부가어론은 반드시 '的'를 명사화 표지로 인정해야 하는데, 이는 왜 '木头的桌子'와 같은 명사도 또 명사화가 필요한지를 설명할 수가 없다.
2) '木头房子(나무집)'와 '木头的房子(나무로 된 집)'의 용례에 대하여, 부가어론은 모두 수식관계라는 둘의 공통점은 설명할 수 있지만, 마찬가지로 모두가 수식인데 왜 후자에만 '的'가 나타나야 하는가라는 차이점을 설명할 수가 없다.

제4절 접속사론

리옌후이(李艳惠 2008)의 접속사론은 YP가 진짜 공범주空範疇이고, '的' 자체는 품사적 요소가 없는 일반적인 접속사라고 주장했다. 이렇게 처리하면 부가어론이 직면한 어려움을 어느 정도 설명할 수는 있지만, '他深信自己和车都是铁做的(东西)(그는 자신과 차가 모두 철로 만들어진 것(물건)이라고 굳게 믿고 있다)'와 같이 이 논문에서 분석한 예 역시 사실은 '东西(물건)'를 사용해서 YP를 보충할 수 있다. 그러나 실제로는 '东西'조차 보충할 수 없는 예도 일부 있는데, '大星期天的(중요한 일요일에)', '你不能走了就算完事的(당신이 떠나면 끝이라고 볼 수 없다)', '真有你的(너 정말 대단하다)', '您歇着您的(좀 쉬세요)', '走他的, 只当我没有过这么个丫头(가라고 해, 나에게 이런 계집애가 없었던 걸로 여길게)' 등이 그러하다.(제5장 1절 참조) 이 예들은 '的'가 의심할 여지없이 후접성을 가지고 있음을 보여준다.

또한 이 이론은 'XP的(YP)'를 가지고 영어의 'A and B'와 비교하였는데,

문제는 '的'는 XP에 후치하지만 and는 B에 전치한다는 것이다. 다시 말해, 'XP的'는 성립하지만 'A and'는 성립하지 않는다는 것이다. 그리고 '的'도 and와는 달리, XP와 YP의 동시 출현을 요구하지 않는다.

이 두 가지 측면의 어려움은 어떤 분석을 하든지 간에 반드시 '的'의 후접 성을 중시하고 이에 대해 해석을 해야 한다는 것을 시사한다.

제5절 분류사론

정리산과 스마링(鄭礼珊·司马翎 Cheng et al. 2009)은 그들의 이전 연구 (Cheng et al. 1998, 1999)를 바탕으로 전통적인 DP분석법에 가까운 특정 구 (Specificity phrase) 구조를 제시했는데, 이는 아래 그림과 같다.

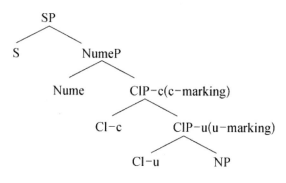

a. Dem – Nume – CL – [Rel clause] – de – N
b. [Rel clause] – (de) – Dem – Nume – Cl – N

이러한 관점은 '的'가 DP 구조에 나타나긴 하지만 DP의 중심어는 아니라고 본다. 그들은 '的'와 수량구의 공통성에 기초하여 '的'를 미명시 분류사 (underspecified classifier)로 규정하였는데, 그 역할은 명사 개념이 가리키는 개체의 실례를 나타내는 것이다.

'개체의 실례를 나타내는 것'과 인지문법의 입장 이론에서 도출된 관점은 유사하지만, 이 둘의 논증 과정과 전반적인 결론은 사실 상당한 차이가 있다.

정리산과 스마링(郑礼珊 · 司马翎 Cheng et al. 2009)의 출발점은 스위즈(石毓智 2000)와 매우 유사하기 때문에 직면하는 문제도 역시 비슷하다.

1) '的'는 개체화의 기능이 있는데(有界化)(沈家煊 1995), 이는 수량사도 마찬가지다(大河内康宪 1985 / 1993). 그러나 이 유사점을 근거로 '的' 역시 양사라고 하는 것은 설득력이 부족하다.

2) 그들은 '*三的人'이 틀렸다는 점에는 주목했지만, '108只的白鹭鸶(108마리의 백로)'(刘丹青 2008 a)와 '七百位的专业红娘(7백 분의 매칭전문가)'(온라인 중매사이트 전아이넷(珍爱网) 광고)과 같은 예는 주목하지 않았다. 이로써 '的'가 앞에 붙는 것과 수량구가 뒤에 붙는 것의 통사구조 차이를 모호하게 한다.

3) '一件衣服(한 벌의 옷)'는 '衣服(옷)'보다 구별성이 강한 반면, '红红的花(아주 붉은 꽃)'은 '红花(붉은 꽃)'보다 묘사성이 강하다. 이를 통해 개체 양사와 '的'의 용법은 오히려 정반대라는 것을 알 수 있다.

제6절 전통적인 DP분석론

류리진(刘礼进 2009)은 좀 더 전통적이어서 애브니(Abney 1987)의 DP분석법으로 회귀하고자 하였다.

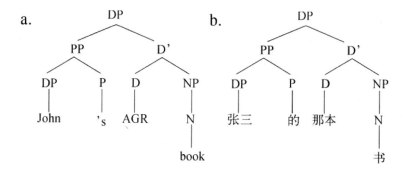

그는 '的'가 각종 문법표지가 되어 다양한 의미의 '的'자 구조를 구성한다고 보았다. 여기에는 소유격 표지, 동명화/명물화 표지, 관계화 표지, 전환지칭용법 표지 등이 포함되는데, 그림으로 나타내면 다음과 같다.

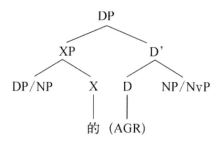

이러한 분석이 간결하기는 하지만 하나의 보편적인 문법체계 안에서 '的'의 성질을 확정하지 않음으로써 지나치게 두리뭉실해 보인다. 만약 '的'가 격 표지가 된다면 후치사이나 명물화 표지가 되면 오히려 전치(즉, AGR의 위치)하기 때문에 '的'는 고정적인 구조적 위치가 없게 된다. 그렇다면 간결하다는 것은 빈말이 된다. 이처럼 성격이 불분명한 이론은 DeP론과 매우 유사하다.

제7절 *De*P론

중국어의 '的'자 구조에 대해 전체를 관통하는 하나의 해석을 내리기 위해 시도한 더욱 급진적인 방법은 닝춘옌(宁春岩, Ning 1995, 1996), 우강(吳剛 2000), 스푸전(司富珍 2004)의 주장으로, '的'를 하나의 특수한 기능어 범주로 간주하는 것이다. 현대 중국어 에서 하나의 독립된 기능어 범주인 '的'는 *De*로 표기되며, 구성원은 '的' 하나뿐이다. 이렇게 처리한 의도는 *De*의 보충어는 NP가 아닌 ZP이므로 VP가 될 수 있어 '这本书的出版'의 문제를 처리할 수 있기 때문이다.

하지만 '핵어-보충어' 관계의 본질은 지배 관계여서 둘은 반드시 같은 통사 단위여야 한다는 것인데, *De*와 그 보충어는 지배 관계도 없고 같은 통사 단위도 아니다. *De*P론의 문제는 지나치게 임기응변적(특설성)이고, '的'자 구조에 대해 확실하고 적절한 최종 지위를 부여하지 않았다는 데 있다. 또한 *De*P의 최종적인 범주 지위나 정체성을 결정하기 위해서는 여전히 NP 또는 DP에 의존해야 한다는 것도 문제이다.

제8절 전치사론

완취안(完权 2015)은 '的'와 영어의 소유격 표지 -'s의 통사, 의미 차이를 비교 분석한 결과, '的'가 영어의 소유격 전치사 of와 오히려 더 많은 통사적, 의미적 평행성을 가지고 있음을 발견하였다. 따라서 그는 생성문법의 of 처리 방식을 사용해서 '的'를 처리할 것을 제안하였다. 즉, of는 전치사 (preposition)이고 '的'는 후치사(postposition)이지만 이들은 모두 부치사(adposition)이므로 '的'도 부치사로 보자는 것이다.[67]

완취안(完权 2015)은 또 리틀 필드(Little field 2006:62)의 반(半)어휘 범주 부치사 이론(半词汇语类介词理论)을 도입하여 '的'를 기능적 부치사(functional adposition)로 규정하였다. 즉, [-N, -V, -L, +F]가 전치사구 'X的'의 기능적 핵어가 된 후에 수식어와 명사구의 핵어 Y와 결합한다는 것이다.

만약 후치사론이 성립될 수 있고 또 중국어 동사를 명사의 한 부류로 인정한다면, '这本书的出版'에서 '出版'은 본래 명사성을 가지고 있기 때문에 '명사화' 되지 않았고, '这本书'도 '명사화'가 없으므로 명사도 명사화가 필요하다는 역설을 피할 수 있게 된다. '这本书的出版'에서 '书(책)'와 '出版(출판하다)'은 실질적인 절의 관계가 존재하지 않으므로 '出版'은 '书'에게 주격을 부여하지 않는다. 사실은 '的'가 '书'에게 소유격을 부여하며, '书'와 '出版'은 주어성 소유격 관계이다. '出版的书(출판된 책)'도 역시 '书的出版(책의 출판)'의 구조와 마찬가지로 '的'가 '书'에게 소유격을 부여한다.[68]

[NP [PosP 出版的] 书]
[NP [PosP 书的] 出版]

이러한 분석은 더욱 간결하면서도 부가어론(邓思颖 2006, 石定栩 2008)과 같거나 심지어는 더 광범위한 해석력을 얻을 수 있다.

---

67) 저자주: 사실 리진시(黎锦熙 1924:212)에서 이미 '领摄介词'론이 제기되었다.
68) 역자주: 이 문장은 원문의 오류에 대한 저자의 수정 요청에 따라 수정하였음을 밝힌다.

제9절 라슨의 '대명사(大名词)'론

선인들은 '的'자 구조의 중심어 문제를 해결할 수 있는 하나의 이상적인 방안은 반드시 다음 기준을 충족해야 한다고 보았다.

1) 이론적 일관성
2) 더 많은 언어 사실에 대한 개괄성
3) 간결성

하지만 선인들의 탐색은 현재의 방안들이 모두 아직 진정으로 이 기준에 부합하지 못한다는 것을 말해준다.

생성문법의 틀 안에 이렇게 많은 방안이 있는데도 문제를 해결하지 못한 것은 그 방안들의 공통된 기반인 '명동분립' 가설에 문제가 있을 가능성이 높다는 점을 성찰해야 할 것이다. '간결성 원칙'과 '단순함 추구'라는 방법론적 원칙 앞에서는 어떠한 이론적 가설도 모두 다 포기할 수 있다.

주더시(朱德熙)는 과거에 '的'의 성격을 '명사성 성분의 후접 표지'로 규정하였는데, 이는 '的'를 가진 관형어를 모두 명사성 성분으로 본 것이다. 그리하여 '红的花(붉은 꽃)', '买的菜(구매한 요리)' 속의 관형어 '红的', '买的'는 모두 명사성 성분으로 인식되었다. 이는 당시로서는 아주 창의적인 견해로, 국제 중국언어학회 회장을 지낸 위아이친(余霭芹)은 이를 매우 높이 평가했다. 그런데 '的'가 붙은 성분이 명사성이라는 것은 '的'로 인해서 그렇다는 것과 원래 그렇다는 두 가지 원인이 있을 수 있다. 주더시는 말년에 첫 번째 원인에 동의하여 '的'를 '명사화 표지'로 규정하였다. 이로 인해 '명사성 성분의 명사화'('木头的桌子(나무의 책상)')라는 역설에서 여러 가지 난제에 부딪혔고,

결국 '명사화 소용돌이'에 빠지게 된다.

　사실 '木头的桌子'과 '富的爸爸(부자인 아빠)' 속의 '的'는 모두 명사성 후접 성분임을 인정하는 견해는 인도유럽어에서 온 '명사화 표지'라는 주장 외에 도 또 다른 주장이 있다. 그것은 바로 '식별도 제고'라는 주장이다. 즉, '富的 爸爸'의 '富的'는 영어의 rich가 아닌 the rich에 해당된다는 것이다. 이렇 게 하면 '的'는 식별성을 가진 the와 통하게 된다(전환지칭은 식별도를 더욱더 높 일 필요가 있다). 영어에서는 이것이 단지 개별 단어의 현상이기 때문에 겸류 로 처리하는 것이 적절하지만, 중국어에서는 전체 품사가 모두 이와 같기 때 문에 명동포함으로 처리해야 비로소 실제에 부합한다. 다시 말해서, 동사가 원래 모두 명사이기 때문에 '的'가 명사성 성분의 후접성분이 되는 것이 당 연한 것이다.

　서양 학자 중에는 오직 라슨(Larson 2009)이 제시한 대명사론(super nominal, 大名词说)만이 이와 유사한 인식을 가지고 있다. 라슨은 라슨쉘(Larson shell (또는 VP-shell))이론을 제안한 것으로 유명한 생성학파의 최고 학자이다. 대 명사론의 제시는 중국어와 이란어족을 비교한 결과이기도 하지만, 생성문법 의 틀이 이미 'that관계절'을 명사성으로 인식하고 있는 것과도 관련이 있다.

　이란어족의 여러 언어 유형에는 에저페(Ezafe)[69] 언어와 역에저페 언어의 구분이 있다. 역에저페는 [＋N] 핵어와 그 [＋N] 보충어 또는 수식어 사이 에 위치한다. 영어의 두 가지 소유격과 비교해 보면, 에저페는 명사구 중에 서 그 보충어를 검증하는 유사 부치사접어(类介词附缀)로 수퍼 of인 반면, 역 에저페는 격 관계 일치화 표지(case concordializer)로 수퍼 -'s이다. '수퍼'라

---

69) 역자주: 페르시아어 문법 용어. '추가'를 뜻하는 아랍어에서 유래. 수식어와 피수식어를 연결 하는 역할을 한다. 이것은 중국어 '的'에 해당하는 조사로 순방향과 역방향의 두 종류가 있다.

고 불리는 이유는 검증 또는 일치 관계에 대한 이들의 품사 요구가 영어에
비해 매우 일반적이어서 명사, 형용사, 관계절 또는 심지어 일부 부치사도
관형어가 될 수 있으며, 중심어가 될 수 있는 것도 명사에만 국한되지 않고
형용사, 양화사, 보충어 등도 모두 가능하기 때문이다. 물론 구체적인 상황
은 복잡하지만 이들은 모두 하나의 명사 핵어(nominal core)를 구성한다. 중
국어의 명사구 어순은 역에저페 언어와 마찬가지로 품사에 대한 제한이 훨
씬 느슨하다.(제4장 6절 참조) 따라서 라슨은 '的'를 역에저페 조사와 유사한
것으로 보고, 선인들의 기초 위에서 영어에서 형용사, (일부)전치사, 관계
절70) 등이 되는 성분이 중국어에서는 모두 명사, 즉 일종의 수퍼명사류가
된다고 제시하였다.

'的'에 대한 분석에서 세부적으로는 아직 더 논의해야 할 부분이 많지만,
'대명사(大名词)71)'라는 점에서 라슨과 선쟈쉬안(沈家煊)의 '명동포함론'은 공
감대를 형성하고 있다.

---

70) 저자주: 라슨은 또한 중국어의 관계절은 축소(reduced), 분사형식(participial), 비한정
(nonfinite)의 관계절로, 사실은 동사구임을 논증하였다.

71) 역자주: 선쟈쉬안 교수의 '명동포함(名动包含)'론에서 나온 용어로, 중국어의 명사는 동사와
형용사를 포함하는 큰 범주를 가진다는 의미. 중국어의 동사류는 대명사류(大名词类) 안에서
분화되어 나온 것으로 보고 '동태명사(动态名词)'라 칭함. '명동포함'의 구도에 따르면 중국
어의 동사는 모두 명사이며, 대명사(大名词)의 한 부류에 지나지 않는다는 것이다. 또한 동사
는 지칭성을 가지고 있는 것 외에도 일반 명사가 가지고 있지 않은 서술성도 가지고 있다고
주장한다.

제
12
장

사태문

제12장

사태문

'V的O'와 'VO的' 문형은 흔히 '是……的'문으로 불리는데, 일부 학자들은 이를 분열문으로 일컫기도 한다. 위안위린(袁毓林 2003a)은 이를 "사건문 뒤에 허사 '的'를 붙여서" 만든 "사태를 설명하는 판단문"이라고 해서 사태문(state of affairs sentences)이라고 불렀다. 전형적인 예는 다음과 같다.

(是)小王第一个跳的。샤오왕이 첫 번째로 (춤을) 추었다.
小王(是)第一个跳的。샤오왕이 첫 번째로 (춤을) 춘 사람이다.
我(是)在中山路上车的。나는 중산로에서 차를 탔다.
我(是)在中山路上的车。나는 중산로에서 차를 탄 것이다.

이때 '的'의 성질과 기능에 대해서는 논의도 상당히 많고 견해 차이도 매우 크다.

제1절 '的'자 판단문

문미의 '的'는 처음에 어기조사(黎錦熙 1924, 王力 1943)로 여겨졌다. 그런데 주더시(朱德熙 1978)는 두 문형의 '的'가 일치하는 부분이 많음을 발견하였다. 그는 다음의 다섯 가지 판단문 형식은 모두 문장 속의 '是'를 생략할 수 있으며, 그렇게 해도 의미는 변하지 않는다고 주장했다.

> 我(是)昨天来的 나는 어제 왔다
> 他说的(是)上海话 그가 하는 말은 상하이 말이다
> (是)我请他来的 내가 그를 오라고 초대했다
> (是)谁开的电灯 누가 전등을 켰어?
> 我看的(是)郭兰英演的 내가 본 것은 궈란잉이 공연한 것이다

이들의 부정형식도 마찬가지다. 따라서 '我昨天来的'와 '我请他来的'의 문미에 있는 '的'는 어기사가 아니므로 이 문장들은 문미에 어기사를 가지는 주술문으로 분석할 수 없음을 알 수 있다.

> 我昨天来 ｜ 的 나는 어제 왔다
> 我请他来 ｜ 的 나는 그에게 오라고 초대했다

이들은 '的'자 구조 술어로 분석해야 한다.

> 我 ｜ 昨天来的 나는 어제 왔다
> 我 ｜ 请他来的 나는 그에게 오라고 초대했다

'V的O'의 '的'에 대해서 주더시는 다음과 같은 예를 들었다.

> 我给(他)的零钱。 내가 그에게 용돈을 주었다.

'给'와 같이 결합가가 3인 3가동사 문장에서 간접목적어는 실제로 V와 '的' 사이에 올 수 있기 때문에 '的'를 앞 동사의 어미로 볼 수가 없다. 이때

'的'는 '的₃'이라는 것이 주더시의 결론이다.

이 연구는 이후 연구의 토대를 마련하였으며, "'的'자가 끝에 오는 경우와 앞에 오는 경우의 용법 차이를 일반적으로 고려하지 않는다(李讷等 1998)"라는 것은 학계 다수 학자들의 공통된 인식이 되었다.

제2절 '시태조사'론

주더시의 견해에 동의하지 않는 사람들도 있다. 쑹위주(宋玉柱 1981)는 '你在哪儿学的蒸包子呀?(넌 만두 찌는 것을 어디서 배웠니?)', '他昨天晚上什么时候回来的?(그 사람은 어젯밤에 언제 돌아왔어요?)'와 같은 문장의 '的'는 '来着'처럼 동작이 과거에 발생했음을 나타내는 시간조사라고 주장했다. 마쉐량·스여우웨이(马学良·史有为 1982)는 '你是哪儿上的车?(너는 어디서 차를 탔니?)', '你是哪儿上车的?(너는 어디서 차를 탄 거야?)'와 같은 문장 속의 '的'는 '기연 의미(已然义)72)'의 매개체라고 보았다. 스여우웨이(史有为 1984)는 이러한 '的'를 과거의 완성, 과거의 실현을 나타내는 조사이므로 '시-태조사'라 불러야 한다고 진일보 명확하게 제기하였다. 왕광취안(王光全 2003)은 대화체 자료를 사용하여 '哪儿上的?(어디서 탔어?)'의 '的'는 과거완료상 표지로 '了'의 용법과 명확하게 분업되어 있음을 논증했다. 린뤄왕(林若望 2016)은 이 견해에 대해 '的'가 "특정한 시간 의미를 전달하며, ……말하는 시점이 포함된 비미래적 시간대"라고 수정했다.

---

72) 역자주: 기연(已然)은 '이미 그러하다'의 의미로, 여기서는 어떤 사건이나 행위 동작이 이미 발생했음을 나타내며, 반대말은 미연(未然)이다.

위안위린(袁毓林 2003a)은 이러한 관점을 반박하였는데, 그 출발점은 역시 언어 단위의 '동일성'(제2장 참조)이었다. 그는 '他是会对你好一辈子的(그는 너에게 한평생 잘 해줄 것이다)'와 '我早晚是要找她算账的(나는 조만간 그녀를 찾아서 결판을 낼 것이다)'의 '的'가 위 예문 속의 '的'와 동일성이 없다는 것을 증명하지 못하면, '的'가 과거완료상을 나타낸다는 견해는 성립할 수 없다고 지적했다. 왜냐하면 '会', '要' 등의 조동사를 포함하는 사태문은 기연의 의미를 나타내지 않기 때문이다. 또한 이러한 '的'는 공인된 상 표지 '了, 过', 그리고 심지어 '着'와도 함께 출현할 수 있다.

> ……真相一旦暴露, 不齿于士林, 因而自杀者也是有过的。
> ……진상이 일단 폭로되자 사림 구실을 제대로 못하게 되었기 때문에 자살하는 사람도 있었다.(袁毓林 2003a, 예문39)
> 可见, 戏曲里的行当也是在不断变化、发展着的。
> 이로써 희곡 속의 배우들 배역도 끊임없이 변화, 발전하고 있음을 알 수 있다.
> (袁毓林 2003a, 예문40)

리나 외(李讷等 1998)는 '的'가 시태조사가 될 수 없는 담화 원인을 근본적으로 분석했다. 여기서 '的'의 역할은 하나의 사건을 보도하는 것이 아니라 일종의 활동을 확인하는 것이어서, 이러한 문장에서는 당연히 사건을 보도하는 데 필요한 시제 수단이 등장할 수 없다는 것이다. 이 논단의 형식적 근거는, 이들 문장의 부정 형식은 사건적 부정사인 '没'는 사용할 수가 없고 비사건적 부정사인 '不(是)'만 사용할 수 있다는 것이다.

> 不是小王第一个跳的。 샤오왕이 처음 추는 것이 아니다.
> *没小王第一个跳的。

小王不是第一个跳的。 샤오왕은 처음 추는 것이 아니다.
*小王没第一个跳的。

我不是在中山路上车的。 나는 중산로에서 차를 탄 것이 아니다.
*我没在中山路上车的。

我不是在中山路上的车。 나는 중산로에서 차를 탄 것이 아니다.
*我没在中山路上的车。

주칭샹(朱庆祥 2017)은 선쟈쉬안(沈家煊 2017)의 구문 평행성 원칙[73])에 따라 린뤄왕(林若望 2017)의 기준이 지나치게 넓다는 것을 논증했다. '的'뿐만 아니라 '了₁/过/了₂/已经' 등도 모두 이 논증 모델 속에 들어갈 수 있고, 또 '昨天/今天通知你(어제/오늘 너에게 통지했어)'에도 모두 들어갈 수 있지만 '明天通知你(내일 너에게 통지할거야)'에는 들어갈 수가 없다. 이들 표지는 특성이 다르기 때문에 '的'가 '비미래 기간'을 나타낸다고 볼 수는 없음을 알 수 있다.

제3절 증거성 표지론

주더시의 관점을 바탕으로 진일보한 연구를 수행하고 있는 학자들은 더 많다. 리나 외(李讷 等 1998)의 관점은 증거성 표지론으로 개괄할 수 있는데, 계승 발전시킬만한 주요 내용은 다음과 같다.

첫째, 세 가지 주요 문형을 정했다는 것이다. A유형은 '(是)我去跟他谈的

---

73) 역자주: 둘 또는 그 이상의 구문이 동일한 구조 변형이 가능하고 그 결과 같은 결과를 얻는 경우, 이들 구문은 구조의 평행성을 가지므로 같은 부류에 속한다.

(내가 가서 그에게 말한 거야)'와 같이 현실 사건의 책임자를 단정하는 것이고, B 유형은 '我是在路上遇见他们的(나는 길에서 그들을 우연히 만난거야)'와 같이 현실 사건의 조건을 강조하는 것이며, C유형은 '你会得肺癌的(너는 폐암에 걸릴 거야 다)'와 같이 비현실 사건에 대한 인정이다. 이 가운데 A, B 두 유형은 '的' 가 목적어 앞에 올 수도 있다.

둘째, 사태문의 비사건성을 상세히 논증했다는 것이다. 먼저, 배경화, 비 시간성, 그리고 목적어의 낮은 개체성과 낮은 수동성은 이 문형의 타동성이 낮다는 특징을 보여준다. 다음으로 사태문은 대화체에 압도적으로 많이 등 장하는데, 대화체는 사건 중심적 문체가 전혀 아니다.

셋째, 사태문의 '的'는 광의적이고 서법적 기능이 있는 증거성 표지로, 주 관적인 확인 태도를 나타낸다.

넷째, '(是)SVP'에서 새로운 정보는 '(是)S'에 놓인다.

제4절 대용론

스기무라 히로부미(杉村博文 1999)의 관점은 대용론(즉, 복지 또는 대용(anaphor) 을 가리킨다)으로 개괄할 수 있다. 그가 개괄한 정보 초점 지정문과 사건 원인 해설문은 리나 외(李讷 等 1998)의 A, B 두 가지 문형에 대체로 대응된다. 스 기무라 히로부미(杉村博文 1999)의 성공적인 부분은 다음 몇 가지이다.

첫째, 지정문의 기연 의미는 'V的(O)'가 술어성의 대용 형식이라는 것에 서 유래한다. '的'는 그 자체로 기연의 의미를 나타내지 않으며 기연의 의미 를 가진 'V了(O)'을 대용함으로써 기연 의미를 획득한다. 대용하기 때문에

'V的(O)'는 비한정 목적어를 가질 수 없고, 동사는 시태 표지를 붙일 수 없으며, 일반적으로 상태 묘사성 부사어의 수식을 받지 않고 술어의 위치에만 올 수 있다.

둘째, 기연을 나타낼 때 '沒(有)'를 사용하여 부정할 수도 없고 관형어도 될 수 없기 때문에 '的'는 상 표지가 아니다.

셋째, 해설문은 화자의 백과 지식적 도움을 필요로 하는데, 동사는 텍스트에 처음 등장하는 신정보일 수 있어서 필요한 경우에는 시태성분을 가질 수도 있고, 경우에 따라서는 비교적 복합한 형식을 취할 수도 있다. '的'자는 일반적으로 목적어 앞에 올 수 없다.

넷째, 해설문 속의 '的'는 '사건지시(指事)'의 자기지시(自指) '的'자 구조의 판단문으로 일의 발생 원인을 분류하는 데 사용되며, 이를 통해 '확인'의 의미가 생성된다.

제5절 동작구분론

기무라 히데유키(木村英樹 2003)는 오직 스기무라 히로부미(杉村博文 1999)의 지정문만을 연구하였는데, 그 결과 대용론이 다음과 같은 현상은 설명할 수 없다고 지적하였다.

첫째, 대용에 속하더라도 문장 안에 동량사는 출현할 수가 없다. 예는 다음과 같다.

A: "我暑假去了几趟北京。" 나는 여름방학에 베이징에 몇 번 갔었다.
B: "*去的几次?"

A: "*去的三次。"

둘째, 비한정 의문사도 목적어가 될 수 있는데, 예는 다음과 같다.

A: "我点过菜了。" 난 요리를 주문했어.
B: "你都要的什么菜?" 넌 어떤 요리를 주문했니?
A: "我要的奶油菜心和香酥鸡。" 내가 주문한 건 나이여우차이신하고 샹수지야.

셋째, 미래 형식의 대용은 '的'를 사용할 수 없다. 예는 다음과 같다.

A: "我要结婚。" 나 결혼해.
B: "*你要跟谁结的婚?"

따라서 기무라 히데유키(木村英樹 2003)는 동작의 구분을 통해 스기무라 히로부미(杉村博文 1999)를 대체하고자 하였다.

첫째, '的'의 '사물 구분 기능'으로부터 이미 일어난 행위와 동작에 대해 구분하는 제약적 기능이 발전되어 나왔다.

둘째, 이미 일어난 특정 사건을 대상으로 그 사건과 관련된 참여항을 기준으로 하여 구분하고 제약함으로써 그 행위와 동작의 속성을 가진 문형을 확정한다. 예를 들어 '小王在西单买的车。(샤오왕이 시단에서 자동차를 샀다)'라는 문장은 '在西单(시단에서)'을 기준으로 삼아 '买车(자동차를 사다)'에 대해 제약을 가한다.

셋째, 이 문형은 형식적으로는 일종의 동사술어문이지만 의미적으로는 판단문에 더 가깝다.

넷째, 이 이론은 문장의 기연성(已然性)과 기정성(既定性) 및 초점화, 목적어의 한정성을 설명할 수 있다. 아울러 상 표지, 수량목적어, 상태묘사성 부사어가 '원인'을 나타내는 표현과 함께 출현할 수 없는 특징에 대해서도 설명이 가능하다.

이 이론의 장점은 사건과 사물을 한 데 연관 지어 생각한다는 것이다. 하지만 가장 큰 문제는, '的'가 '사물 구분 기능'에서 '사건 구분 기능'으로 발전했다고 주장하기 위해서는 왜 '我的车(내 차)'의 '的'는 구분 기준이 되는 '我(나)'와 구분되는 대상인 '车(차)' 사이에 위치하지만 '在西单买的车'의 '的'는 같은 곳에 위치하지 않는지를 설명하여야 한다는 것이다. 다시 말해, '的'가 구분 기준과 구분 대상의 사이에 오는 '在西单的买车'는 왜 성립하지 않고, 피구분 대상인 '买车'의 내부에 오는지를 설명해야 한다는 것이다.

기무라 역시 이 점에 주목했는데, 이는 '的'가 동작의 속성을 나타내기 때문에 상 표지 '了, 着, 过, 得'의 유추를 받아 동사 뒤에 놓이게 됐다는 것이 그의 설명이다. 이때 '的'는 현재 동사 접미사의 범주로 바뀌고 있지만, 상 표지는 아니다.

그런데 이는 이론적으로 맞지 않다. '的'가 상 표지가 아닌데 어떻게 상 표지의 유추를 받을 수 있는가? 만약 정말로 유추가 있다면 역사에 그런 변화가 남긴 흔적을 발견해야 하지만 아쉽게도 그러한 흔적은 없다. 또한 '的'가 사물 구분 기능에서 사건 구분 기능으로 발전했다고 하더라도 '这本书的出版'이나 '他的不来'와 같이 동사가 뒤에 오는 예문은 설명할 수 있어야 할 것이다.

제6절 명사화 표지론

사건과 사물의 연관성을 찾는 여정에서 더 멀리 나아간 이론이 명사화 표지론이다. 이는 사태문 문미에 있는 '的'를 명사화조사(표지)로 보는 견해로, 자오위안런(Chao 1968:§293)에서 가장 먼저 제기했다. 위안위린(袁毓林 2003a)은 주더시(朱德熙 1961b)를 바탕으로 한발 더 나아가 문미의 '的'와 '的₃'의 동일성을 논증했는데, 사태문은 동사를 핵심으로 하지만 명사성을 가진다고 강조했다. 주요 관점은 다음과 같이 요약할 수 있다.

1) '(是)……的'는 초점구조 표지이다. 표지는 좁은 표지와 넓은 표지의 두 가지로 나뉘며 초점은 '(是)……的'의 범위 내에 있다. 초점의 성질은 의미초점 또는 대조초점일 수 있으며, 이는 리나 외(李讷等 1998)에서 제시한 세 가지 문형의 의미 특징을 설명할 수 있다.

2) 이러한 '的'는 여전히 구조조사이며, 통사적으로 동사성 성분을 명사성 성분으로 변환하는 기능을 하는 명사화 표지이다. '他先去买票的(그가 먼저 표를 사러 갔다)'는 사태나 속성을 전환 지시하는 체언성 성분이다.

3) 이러한 '的'의 의미 기능은 자기지시, 즉 VP에 의해 야기되는 사태나 속성을 전반적으로 대용하는 것이다. '小王是昨天晚上来的(샤오왕은 어제 저녁에 온 것이다)'의 의미는 샤오왕이 '어제 저녁에 오다'라는 속성을 가지고 있다는 것이다.

4) 초점구조가 '확인' 등의 증거성 어기를 나타내므로 대용 표지는 술어 위치에서 자연스럽게 증거성 표지가 된다.

5) 문미의 '的'는 어기사가 아니다. '(是)……的' 문형이 불확정적인 의문문('你们是怎么谈的恋爱?(너희 어떻게 연애했어?)')을 나타내는 데도 사용되기 때문에 '的'의 의미를 '확인'으로 개괄하는 것은 적절하지가 않다. '的' 역시 서법(情态)을 나타내는 세 번째 그룹 어기사의 문미에 위치하지 않고 공인된 세 그룹의 어기사 앞에만 위치할 수 있다.

6) '대용론'을 '전제론(预设说)'으로 바꾸었다. 전제 의미는 암묵적이면서 명

확하게 설명할 수 있는 특징을 가지는데, 이는 선행 형식이 없는 대용론의 단점을 보완할 수 있다. 전제의 취소 가능성은 리나 외(李讷等 1998)에서 말하는 C유형의 문형이 가지는, 장차 발생할 것이라는 장연 의미(将然义)[74]를 설명할 수 있다.

7) 사태문의 초점은 대비성과 배타성을 가지므로 이것의 가장 기본적인 문형 의미는 확인과 확신이다. 이것이 사태문과 사건문의 의미 차이이다. [+배타성]이 없는 사건문은 사태문으로 변환할 수가 없다.

명사화 표지론의 설명력은 이전의 여러 이론을 포괄할 수 있지만, '명사화 표지'라는 성질을 인정하는 것은 또 다음과 같은 언어적 사실과는 모순될 수 있다.

첫째, '的'자가 반드시 있을 필요는 없다. '표지'이기 때문에 사태문에서는 필수불가결 하지만 다음 사태문에서는 '的'가 없어도 된다.

你不必多嘱咐, 我知道 (的)。
많이 당부할 필요 없어요, 제가 알고 있어요. (吕叔湘 1944: §1533)
阿译:"他有个儿子 (的)。在中原战场。"
아이: "그는 아들이 있어요. 중위안 전장에요." (兰晓龙『我的团长我的团』)

둘째, 일부 사태문은 사건문으로 환원이 불가능하다.

看, 台球这么打的。 봐라, 당구는 이렇게 치는 거야.
*看, 台球这么打了。

---

74) 역자주: '장연(将然)'은 '장차 그러할 것이다'의 의미로, 기연(己然), 미연(未然)과 대조적으로 사용된다.

일부 사건문도 역시 '的'를 붙여서 사태문을 파생시킬 수 없다.

> 문: 你打算怎么回去? 넌 어떻게 돌아갈 거야?
> 답: 我在中山路上公交车。 중산로에서 버스 탈거야.
> *답: 我在中山路上的公交车。
> *답: 我在中山路上公交车的。

셋째, '(是)……的'는 초점을 구조 범위 내로 확정하지 않는다. 일부 초점은 이 구조 바깥에 위치한다.

> 她是生的**男孩**。 그는 **남자아이**를 낳았다.
> 我是投的**赞成票**。 나는 **찬성표**를 던졌다.

일부 초점은 '범위'가 명확하지 않다.

> 我是**去年**出差去上海的。 나는 **작년**에 상해로 출장을 간 것이다.

제7절 사태문의 기본 특성

완취안(完权 2013)은 뤼수샹(吕叔湘 1944:§1533)의 전형적인 예문에서 '的'를 붙이던 붙이지 않던 상관없이 동사술어문은 모두 사태성을 나타내는 데 사용될 수 있으며, '了'를 붙이면 사건성을 나타낼 수 있음을 발견하였다.

> (你不必多嘱咐,) 我知道 (的)。 (많이 당부할 필요 없어요,) 제가 알고 있어요.
> (你这么一说,) 我知道 (*了)。 (그렇게 말씀하시니,) 알겠습니다.

따라서 사태문은 사건문의 명사화 대응품이 아니다. 사태문은 사건의 상태를 나타내는 명사성술어문으로, 사태(속성 포함)에 대한 지칭을 수단으로 삼아 교류를 진행하는 문장이다. 사건문과 사태문 사이에는 '명사화'라는 파생 과정이 없고, 사건문이 사태문의 기초도 아니다.

사태문이 기본(我知道)이고, 사건문은 이로부터 분화되어 나온 하위 부류(我知道了)로서 사태를 나타내는 데도 사용될 수 있기 때문에 여전히 사태문의 성질을 가지고 있다. '的'를 사용하지 않는 많은 사태문은 동사를 술어의 핵심으로 하는 사건문과 형식이 같다.

等我写完了 (的)。 제가 다 쓸 때까지 기다리세요. (마真 2004:325)

이는 사건문 자체도 명사성, 지칭성을 가진다는 것을 보여준다.(沈家煊 2013 참조) 따라서 사건문은 주어나 목적어가 될 수 있다(你知道**我知道了**(내가 알았다는 것을 넌 알아)). 또 사태문과 사건문은 모두 '的'를 붙여서 사태성과 지칭성을 부각시킬 수도 있다(**我知道的**(알고 있어요) ; **我知道了的**(알겠어요)).

이를 통해 보건대, 중국어의 동사술어문도 역시 명사술어문의 특성을 가지며, 다음 그림에서 보이는 바와 같이 일종의 비대칭 대응(扭曲对应) 관계를 나타낸다는 것을 알 수 있다.

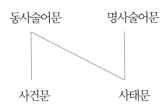

동사술어문　　　　명사술어문

사건문　　　　　　사태문

사태를 나타내는 동사술어문도 역시 명사술어문이다. 중국어 사태문과 사건문의 이러한 포함관계는 마침 중국어 명사와 동사의 포함관계——중국어의 동사는 명사의 하위부류로 명사성을 가진다——에 대응한다.(沈家煊 2007, 2016) 통사 관계와 품사 관계는 상호 증명되었다.

사건문은 사태문의 한 하위 부류이기 때문에 그 자체로도 여전히 사태문이다. 따라서 사태를 표현하거나 지칭어가 될 때 '的'를 붙일 필요가 없으며, 붙이게 되면 오히려 부자연스러운 경우도 있다.

> 小王第一个跳(*的)是不可能的。
> 샤오왕이 첫 번째로 춤을 추는 것은/뛰는 것은 불가능한 것이다.
> 我在中山路上车(*的)很方便。
> 나는 중산로에서 차를 타는 것이 매우 편리하다.

이는 이때 '的'의 기능이 명사화가 아니라는 것을 말해준다. 실제로 담화 코퍼스에서 관찰한 바와 같이, 화자가 사태문에 '的'를 붙이는 것은 청자의 주의를 '的' 앞의 사태로 향하게 함으로써 청자가 이 사태에 주의를 기울이고 중시하기를 바라는 화자의 주관적인 의향을 나타내기 위해서이다. '的'의 이러한 기능은 모든 참조체 구조 속의 '的'와 본질적으로 일치한다. 왜냐하면 '的'가 앞에 있는 언어 단위의 식별도를 높이는 기능을 하기 때문이다.

이러한 주의 이론은 초점 이론과도 맥을 같이 하는데, 그 이유는 "초점은 청자가 가장 주의를 기울였으면 하고 화자가 바라는 부분"(刘丹青等 1998)이기 때문이다. 주의 이론은 또한 증거성 이론과도 통하는데, 증거성을 확인하는 것은 곧 화자가 눈앞에서 증거를 제시하기 위해서는 청자가 어떤 사태에 주의를 기울일 필요가 있기 때문이다.

제8절 혼합유추론

선쟈쉬안(沈家煊 2008b)은 다음 유형의 문장을 전문적으로 연구하였다.

他是去年生的孩子。 그는 작년에 아이를 낳은 것이다.
他是学校付的工资。 그는 학교에서 월급을 주는 것이다.

자오위안런(赵元任 Chao 1968/1979:153)은 이러한 문장은 원래의 목적어를 '的'의 뒤로 옮긴 후에 생성된 것이라고 주장했다.

他是去年生孩子的。 → 他是去年生的孩子。

그런데 주더시(朱德熙 1978)는 이를 주어가 후치된 주술절이 술어가 되는 문장으로 보았다.

他, 孩子是去年生的。 그 사람은, 아이가 작년에 태어났다.
→ 他是去年生的孩子。 → 그 사람은 작년에 아이를 낳은 것이다.

이 두 가지 이론은 본질적으로 모두 파생론에 해당된다. 두 이론 모두 문장이 하나의 기본구조를 가지고 있으며 이동 조작을 통해 표층구조를 얻는다고 가정한다. 하지만 이 두 이론은 모두 환원이 불가능한 예문을 만나게 된다.

他是室友偷的电脑。 그는 룸메이트가 컴퓨터를 훔쳤다.
→ ?他是室友偷电脑的。 ?그는 룸메이트가 컴퓨터를 훔쳤다.
他是昨天静的坐。 그는 어제 조용히 앉아있었다.

→ *他坐是昨天静的。

따라서 선쟈쉬안(沈家煊 2008b)에서는 혼합유추론을 제기하였다.

他是去年生的孩子。

a. 这ᵢ是去年生的父亲   b. 他ᵢ是去年生的父亲。
　이 사람은 작년에 아이를 낳은 아버지다. 그는 작년에 아이를 낳은 아버지다.
x.ᵢ 这ᵢ是去年生的孩子   y. ──
　이 사람은 작년에 아이를 낳았다.

이 '가로 관련성, 세로 유사성'의 정방행렬에서 y에는 x와 b를 근거로 동시에 유추한 혼합 문형 xb──'他是去年生的孩子'를 도출했다. 이러한 유추의 과정은 다음과 같이 추상화할 수 있다.

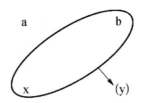

유추의 직접적인 원인은 감정이입(empathy)으로, "화자가 자신을 ……그가 문장을 통해 묘사한 사건이나 상태의 한 참가자와 동일시한다"는 것이다. 개념혼성 이후의 '他是去年生的孩子'는 창발創發 의미(emergent meaning)를 생성할 수 있다. 이 창발 의미는 화자의 강렬한 주관적 동질감을 표현하는데, 이를 '주관적 동일시문(Subjective identification sentence, 主观认同句)'이라고 칭할 수 있다.

　중국어는 주관성이 강하고 혼합을 통한 문장을 구성하는 경우가 매우 많은 언어이다. 이러한 특징은 '的'자 구조 속에 그 흔적이 깊숙이 남아 있다.

제9절 구조의 평행성

　구조의 평행성은 구조의 형식을 구분하는 기초이며, 심지어 문법 연구의 기초가 된다. 자오위안런(Chao 1968/1979:78)은 다음과 같이 말했다.

　　"문법은 한 부류의 형식이 다른 부류의 틀이나 구조 속에 나타나거나 나타나지 않는 것을 연구하는 것이다. 이 점에 대해 행동을 같이하는 모든 형식은 동일한 부류의 형식의 구성원이다."

　이른 바 '동일한 구조에 속한다'는 것은 바로 '구조적 평행'이라는 것을 가리킨다.

　주더시(朱德熙 1985:31) 역시 문법을 연구할 때 '구조의 평행성'을 매우 중시해야 한다고 지적하였다. 그는 원어민의 어감은 구조적 평행성에서 나오기 때문에 문법 범주와 그 성질을 결정할 때 구조의 평행성을 근거로 삼아야 한다고 주장했다.

　선쟈쉬안(沈家煊 2017)도 마찬가지로 "언어에는 사실 구조의 평행성이 존재하기 때문에 언어는 하나의 '체계'가 된다. …… 그래야 구축된 문법 체계가 자연스럽고 간결하며 문법을 논의하기에도 편리하다"고 지적했다.

　혼합유추가 실현된 근거도 역시 이들 문장이 모국어 화자의 마음속에서

구조적 평행성을 가지기 때문이다. '他是**去年生的孩子**'와 '我是**胡乱投的票**'(저는 아무렇게나 투표했어요)'에서 밑줄 친 부분은 모국어 화자의 마음속에서 관형어-중심어로 이루어진 일반적인 '的'자 구조와 마찬가지로 구조적 평행성을 갖는다.

다음 두 장에서 다루는 '특수한' 문형처럼 보이는 것들도 사실은 역시 모국어 화자가 언어심리에서 확실하게 감지되는 구조 평행성의 확장을 통해 유추된 것이다.

제
13
장

‘他的老师当得好’에
대해

'他的老师当得好'에 대해

'他是去年生的孩子'와 유사한 것으로 '他的老师当得好(그는 선생님의 직무를 잘 수행한다)'의 생성 방식 역시 연구의 관심이 집중되는 주제이다.

제1절 문제의 발견

뤼수샹(呂叔湘 1965)은 '他的老师教得好(그의 선생님은 잘 가르친다)'과 '他的老师当得好'에서 '他的老师'의 의미가 서로 다름을 발견했다. 전자는 정상적인 소유 의미이지만 후자는 '他当老师(그가 선생님 직무를 맡다)'라는 것을 가리킨다. 이 두 가지 의미는 다음과 같이 하나로 합쳐질 수도 있다.

他的小说写得好 ＝ 他写的小说写得好
그의 소설은 잘 씌어졌다 ＝ 그가 쓴 소설은 잘 씌어졌다

또 문맥에 따라서는 두 가지 의미를 가질 수도 있다.

她的鞋做得好 그녀의 신발은 잘 만들어졌다
＝ 她买的鞋做得好 그녀가 산 신발은 잘 만들어졌다 (다른 사람이 행함)

她的鞋做得好 그녀의 신발은 잘 만들었다
= 她做的鞋做得好 그녀가 만든 신발은 잘 만들어졌다 (자기가 행함)

주더시(朱德熙 1982)는 '他的老师当得好'를 B유형의 준관형어[75]로 분류하였고, 이와 함께 주술술어문과 동사복사문(重动句)[76]이라는 두 가지 문형 변환을 발견했다. 이 두 가지 변환문, 특히 동사복사문은 다양한 설명 방안의 기초가 되는 문형이다.

他的老师当得好
= 他老师当得好 그는 선생님의 직무를 잘 수행한다
他的老师当得好
= 他当老师当得好 그는 선생님인데 직무를 잘 수행한다

---

75) 저자주: 황궈잉(黄国营 1981)은 이를 가짜 관형어(伪定语)라고 불렀다.
76) 역자주: 동사복사문은 '我看书看累了'와 같이 목적어와 보어가 각각 같은 동사 뒤에 출현하는 S+VO+VC 구조의 특수구문을 말한다. 이러한 문장을 지칭하는 명칭은 한국과 중국 모두 학자들마다 다양하다. 중국의 경우, '重动句'라는 명칭이 현재 가장 널리 사용되는데 이 명칭을 가장 먼저 제안한 학자는 刘维群(1986)이며, 王力(1944)는 '叙述词复说', 黄正德(1982), 戴浩一(1990,1991), 吴竞存·梁伯枢(1992)는 '动词复出', 胡文泽(1994)는 '动词照抄现象', 范晓(1993), 温琐林(1996)은 '复动句', 高更生·王红旗(1996)는 '复制动词句', 李讷·石毓智(1997)는 '动词拷贝结构'라고 명명했다.(白静『重动句的句法语义研究』(2006, 东北师范大学 硕士论文 참조). 한국어의 경우, 温锁林의『现代汉语语用平面研究』(2001, 北京图书馆出版社)를 한국어로 번역한 박정구의『중국어화용론』(2005, 신성출판사)에서 '동사복사문(复动句)'으로 번역하였으며, 그 외에도 장선우(2012, 2014)는 '중복동사문', 이운재(2012)는 '동사중출문', 정현애(2013) '동사카피구조' 등 다양한 명칭이 사용되고 있는 실정이다. 본서에서는 '동사복사문'으로 번역하기로 한다.

제2절 변형생성문법의 재분석론77)

메이광(梅广 1978)은 위 문형이 세 단계에 걸쳐 생성된다고 보았다. 심층구조는 '他当老师当得好'인데 동사를 생략하면 '他老师当得好'가 생성되고, 여기에 다시 '的'를 삽입하여 '他的老师当得好'를 생성한다. 황정더(黄正德 Huang 1982) 역시 이와 유사한 생성 방식을 제기하였는데, 차이점이라면 동사를 반복하지 않기 때문에 출발점이 약간 다를 뿐이다. 즉, 심층구조 '他当老师得好'에서 목적어 전치를 통해 '他老师当得好'를 생성하고, 여기에 다시 '的'를 삽입하여 '他的老师当得好'를 생성한다.

하지만 이후 황정더(黄正德 2008)는 이 생성 과정이 문장의 생성을 정확하게 통제할 수는 없다고 반성한 바 있다.

他数学最喜欢。　그는 수학을 가장 좋아한다.
*他的数学最喜欢。

또 그는 "이론의 간결성을 추구하는 과학적 방법 하에서 독립적인 증거가 부족한 가설은 가능한 한 피해야 한다"고 솔직하게 인정하였다. 하지만 판하이화 외(潘海华 2011)는 이보다 더 복잡한 수정안을 제시하였다.

a. 他 当 老师 得好。(심층구조)
b. 他 当老师 当得好。(동사복사구조 $VP_1 + VP_2$)
c. 他当老师 当得好。(주어와 VP_1이 결합하여 절이 됨)

---

77) 저자주: 생성문법이 생각하는 재분석(reanalysis)은 역사문법의 정의보다 훨씬 넓다. 판하이화(潘海华 2011)에서는 역사문법의 고전적 예 Hopper & Traugott(1993)을 인용하고 있다.

    d. 他的当老师 当得好。(명물화)
    e. 他的 老师 当得好。(동사 삭제)

b에서 c에 이르는 과정은 구조 재분석의 단계이지만, 중요한 단계는 단계 d에 '的'를 삽입하는 명물화 단계이다. 판하이화 외(潘海华 2011)는 문두의 명물화구 속의 동사가 재분석 과정에서 삭제되었다고 보았는데, '중복 회피'와 '중국어 내 '他的当老师'류 구 자체의 존재 불가능'을 삭제 이유로 들었다. 이에 대해 양옌화(杨炎华 2014)는 "'他的当老师'와 같은 구 자체가 존재할 수 없다면 여기서 '재분석'이 일어나는 근거는 무엇인가"라는 의문을 제기했다.

제3절 행위자 관형어론

샤오궈정(肖国政 1986)은 '他的老师当得好'가 동사복사문 '他当老师当得好'로 변환될 수 있기 때문에 여기서는 '他'가 관념적으로 행위자 주어라고 보았다. 황정더(Huang 1994) 역시 '他的老师当得好'를 소유격 행위자(posessive agent)로 분류했다. 슝중루(熊仲儒 2015)는 생성문법의 틀 안에서 '他'를 관형어와 행위자의 관계로 논증하였다. 중국어는 소유자가 논항의 위치로 승격하여 주어가 될 수 있는 언어이기 때문에 준소유격 주술술어문을 형성하는 것이 행위자 주술술어문과 형태가 같을 수 있다.

    他的老师当得好 그는 선생님의 직무를 잘 수행한다
    → 他, 老师当得好 그 사람, 선생님의 직무를 잘 수행한다

하지만 후젠화(胡建华 2016)는 "이 문장을 통사적으로는 '他当得好(그가 잘

한다)'로 분석해야 하는가 아니면 '老师当得好(선생님을 잘 한다)'로 분석해야 하는가?"라고 질의한다. 사실은 '他当老师'도 이 문장에서 'NP₁的NP₂'의 유일한 해답이 아니기 때문에 관형어가 다르면 NP₁的NP₂의 행위자와 피행위자의 관계에 반전이 일어날 수 있다. 예를 들면, '一班的老师当得好(1반 선생님은 직무를 잘 수행한다)'는 '老师当得好'로 이해해야 한다. 또 다른 예로 '他'가 학생을 가리킬 때도 '他的老师当得好'는 마찬가지로 '老师当得好'와 같은 피행위자 주어문이 된다.78)

물론 이러한 중의성이 관형어가 행위자를 나타낼 수 있는 가능성을 근본적으로 부정하는 것은 아니다. 하지만 후젠화는 분석을 통해 관형어를 행위자로 삼거나 동사복사문과 화제문에 기초한 형식문법의 해석이 모두 성공적이지 못했다고 설명하였고, 이로써 피행위자 주어문에 기초한 해석을 제시한 것이다.(제6절 참조)

제4절 위치이동 파생론

황정더(黃正德 Huang 1994, 黃正德 2008)에서는 어휘 의미 분해(경동사 DO)와 핵어이동이론을 이용하여 새로운 방안을 제시하였다.

   a. 他DO他的当老师(得好)。 (심층구조)
   b. 他当ᵢ他的tᵢ79)老师(得好)。 (동사핵심 위치 이동)

---

78) 저자주: 그러나 '一班的老师当得好', '他(指学生)的老师当得好'와 전형적인 예인 '他的老师当得好'는 성격이 다르다. '一班的老师(1반 선생님)', '他(指学生)的老师(그(학생을 가리킴))의 선생님)'는 모두 사람이지만, 전형적인 예인 '他的老师(그가 선생님을 하는 것)'는 행위이다.
79) 저자주: t는 위치 이동 후에 남겨진 언어 흔적을 가리킨다.

c. [e]80) 当他i的tj老师(得好)。 (주어 삭제)

d. [他的ti老师]i当tj(得好)。 (목적어 전치)

e. 他的老师当得好。 (표층구조)

이 아이디어의 핵심은 술어 '当老师'가 먼저 동명사화되어 동명사구(GP.
gerundive phrase) '他的当老师'를 얻었다고 가정한 다음, 점차적으로 이동하
여 다시 술어가 된다는 것이다. 이 파생 과정의 문제는 상당히 복잡하여 여
러 개의 가설을 설정해야 한다는 것인데, 이보다 더 큰 문제는 과잉 생성을
초래한다는 것이다.

*他的老师骂得好。

'他DO他的骂老师(得好)'는 가설에 부합하는 하나의 심층구조인데, 상술
한 위치 이동과 삭제 등의 단계를 통해 파생될 수 있다. 하지만 이를 통해
얻은 표층구조는 합법적인 문장이 아니다.

심지어 생성문법 이론 내부에서도 이 위치이동 파생 과정에 대해 의문을
제기한다. 판하이화·루쉬(潘海华·陆烁 2011)는 이 두 가지 예문이 포함하고
있는 위치 이동이 관련 제약조건을 위반한다는 것을 지적한다. 즉, 목적어
전치 처리는 제약조건을 위반하여 'ti'가 제약어 '当i'보다 앞에 오게 함으로
써 그 성분에 의해 통제(c-command)될 수 없게 한다는 것이다. 또 '得好'는
심층구조에서부터 괄호 형태로 맨 뒤에 붙어있는데, 이는 통사적인 지위가
불명확하고 합리적이지도 않다. 후젠화(胡建华 2016) 역시 DO가 '他'와 '他的

---

80) 저자주: e는 주어 삭제 후에 남겨진 공범주이며 목적어 전치를 유발하여 피행위자 술어문
   '他的老师当(그가 선생님이 되다)'('衣服还没洗(옷을 아직 세탁하지 않았다)'와 같은 종류이
   다. '他的官当上了(그는 관리가 되었다)'와 비교해보라)을 만든다.

t 老师'에게 논항 역할을 연속적으로 할당했다는 것에 대해 의문을 제기했다. 이는 논항원칙 제약을 위반하였는데 이러한 이동이 생성문법 이론에서는 허용되지 않는다는 것이다. 또 '他的 t 老师'는 DO의 목적어(획득 목적어)에서부터 주어(획득 주어)의 위치까지 이동하였는데, 이는 이중으로 격을 부여했다라는 이론적 위험에도 직면한다.

이러한 문제를 피하기 위해 덩쓰잉(邓思颖 2008, 2009, 2010)에서는 영동사(empty verb, 空动词) 가설의 분석을 제기하였다. 그는 많은 남방 방언들이 관형어-중심어구조가 목적어가 되는 것은 허용하면서도 주어가 되는 것은 허용하지 않는다는 것을 발견했다.

(베이징 방언)
他念他的书。그는 그의 책을 읽는다.
他的老师当得好。그는 선생님의 직무를 잘 수행한다.

(광둥 방언)
佢读佢嘅书。그는 그의 책을 읽는다.
*佢嘅老师做得好。

이 현상을 덩쓰잉은 남북 방언의 주어 목적어 '비대칭'이라고 칭하였다. 그는 각 방언의 준관형어 수식구조(准定中结构)의 내부 성질 차이가 결국 분포의 차이를 만든다고 가정하였다. 그는 황정더의 기본 사상을 계승하면서도 GP를 명물화구 NomP로 바꾸었는데, 이 경우에 "동사가 명물화된 단어의 맨 앞으로 이동할 수만 있다면 동명사를 만들 수가 있다"고 했다. 표준 중국어인 보통화에서는 NomP가 기초적으로 생성되고 내부에는 영동사가 하나 있는데, 이것이 동사의 위치에서부터 Nom으로까지 상승하여 형태적으로 그것을 '지지'하기 때문에 주어·목적어 자리에는 모두 준관형어가 허용된다. 하지만 광둥 방언에서는 Nom이 동사의 이동을 촉발할 수 없다. NomP가 [Comp, vP]에 있을 때 동사는 DO의 힘을 빌려서 Nom을 '경유'하여 목적어 속의 준관형어를 생성하지만, NomP가 주어의 위치에 있을 때는 Nom 자체가 영동사를 끌어당길 수 없기 때문에 실제로 주어에서 준관형어를 생성할 수 없다.

양옌화(杨炎华 2014)는 "왜 명물화구 안에 있는 동사는 반드시 비어있어야 하고, 동사가 출현하면 문장에 아예 비문이 되는지"를 설명할 방법이 없다고 하며 덩쓰잉의 분석에 문제가 있음을 지적하였다.

> 他的(f)老师当得好。그는 선생님의 직무를 잘 수행한다.
> * 他的当老师当得好。

후젠화(胡建华 2016) 역시 덩쓰잉의 분석이 영성분(空成分)과 내현적 이동 (covert movement, 隐性移位)에 많이 의존한다고 했지만, 상응하는 진단 수단으로는 증명이 불가능하다며 의문을 제기한다. 또한 덩쓰잉의 주장은 '当'의 주어 문제를 초래하였다. '当'의 어휘 의미는 '当'이 결코 하나의 문장을 주어로 선택하지는 않음을 결정하는데, '他的老师'를 문장으로 처리하게 되면 '当'의 논항 할당 문제를 해결할 수가 없게 된다.

요컨대, 위에서 살펴본 생성문법의 해석은 모두 입증하기가 어려운 일련의 가정을 바탕으로 하고 있다.

제5절 혼합유추론

선쟈쉬안(沈家煊 2007b)은 혼합유추(糅合类推)를 사용하여 '他的老师当得好'
의 생성 문제 역시 해결하였다. 이 혼합유추의 기제를 되돌아보자.

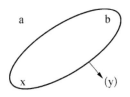

a. 他讲课讲得好　　　　　　　b. 他的课讲得好
　　그는 강의를 잘 한다　　　　　　그의 강의는 잘 이루어진다
x. 他当老师当得好　　　　　　y. (一) ← xb 他的老师当得好
　　그는 선생님의 직무를 잘 수행한다　그의 선생님 직무 수행은 잘 한다

유추는 '횡적으로는 상관관계, 종적으로는 유사관계'라고 하는 정방행렬
구조 a:b=x:y에 의존한다. 이 과정은 매우 간단하여 음성 형식이 없는 구성
요소를 가정할 필요도 없고, 이동과 삭제 등 여러 가지 조작 단계를 가정할
필요도 없다. 단지 '혼합'이라는 하나의 단계만 가정하면 되며, 혼합에 참여
하는 것은 모두 언어에서 실제로 존재하면서 사용 빈도가 높은 어구들이다.
또한 유추는 오류의 생성을 억제할 수도 있다.

a. 他当老师当得好　　　　　　b. 他的老师当得好
x. 他骂老师骂得好　　　　　　y. (一) ← xb *他的老师骂得好
　　그는 선생님 욕을 잘 한다

왜냐하면 b문장의 주어 '他的老師'는 의미적으로 일반적인 소유관계를 나타내는 것은 아니지만, 소유구조를 가진 형식이라는 점에서 어느 정도는 소유의 의미를 가지기 때문이다. '他的老師'는 '他的老師角色(그의 선생님 역할)'라는 의미를 가지며 '当得好'는 선생님의 역할을 잘한다는 것을 가리킨다. 이는 수업을 잘하거나 선생님 연기를 잘 하는 것일 수는 있지만, 선생님 욕을 잘 하는 것일 수는 없다. 왜냐하면 '骂(욕하다)'라는 동작에서 '他(그)'와 '老師(선생님)' 사이에는 필연적인 고정적 연관성이 없기 때문에 a와 x 사이에는 충분한 유사성이 없다. 따라서 혼합유추의 생성이 불가능하다.

개념혼성의 성공 여부는 '이상적 인지모형(Idealized Cognitive Model: ICM)'[81] 내에서 참여항이 개념적으로 필수적인 연결(vital relations)을 갖는지 여부에 달려있다. 우화이청(吳怀成 2008)은 '他的老師当得好'라는 문제에서 이 점을 의미적 특징으로 명확히 했다. 즉, 단지 동사복사문형의 명사가 [+비지시성]의 의미자질을 가지고 전체 술목구조가 [+기능성]의 의미자질을 가지는 경우에만 동의어인 '준관형어+N+V得R'의 문형으로 변환이 가능하다는 것이다. 그렇다면 '他骂老師骂得好'에서 '老師'는 지시적이고 한정적이기 때문에 혼합유추가 성립되지 않는다.

그런데 덩쓰잉(邓思颖 2008, 2009)은 광둥방언의 경우 유추를 허용하는 문형도 있지만, 그렇지 않은 문형도 있기 때문에 혼합유추론이 발견한 남북 방언의 주어·목적어 비대칭 현상을 설명할 수 없다고 보았다.

그런가 하면 스진성 외(史金生等 2010)는 '他的老師当得好'의 생성과정에서

---

81) 역자주: Lakoff에 따르면 사람들은 '이상적 인지모형(ICMs)'에 의해 지식을 조직한다. 이는 현실적으로 존재하는 것이 아니라 사람들의 의식 속에서 조직된 것이기 때문에 범주 구조와 원형 효과는 ICMs 조직의 산물이라는 것이다.(임지룡 「의미의 인지모형에 대하여」, 『語文學』 제57집, 1996 참조)

명물화의 작용을 인정한다면(덩쓰잉의 글에서는 이를 인정했다), 방언에서의 특수한 상황은 명물화가 방언마다 서로 다른 통사적 제약을 받기 때문이다. 이는 동명사를 형성하는 이동 매개변수와 관련이 있으며 '혼합유추'와는 관련이 없다고 지적했다.

제6절 피행위자 주어론

황정더(黃正德 2008)가 제시한 생성방안의 최종 결과는 피행위자 주어문 '他的老师当'에 정태보어 '得好'를 붙여서 만든 것으로, 여전히 피행위자 주어문이다. 하지만 이 점이 황정더(黃正德 2008)에서 강조되지는 않았다.

후젠화(胡建华 2016)는 그동안 제시된 생성문법의 여러 가지 방안을 심도 있게 평가한 다음, '他当得好'를 분석함에 있어 지금까지의 이론들은 행위자 주어문에 얽매여 "사소해 보이는 통사 의미 관계를 모두 통사적으로 도출해 낼 수 있는 유용한 위치 이동 방법이 없다"고 했다. 그러면서 그는 오히려 중시를 받지 못했던 피행위자 주어문으로 '老师当得好'를 분석하는 것이 사실이라고 주장했다. 따라서 그는 기초적으로 생성된 피행위자 주어론을 제기했다.

후젠화(胡建华 2016)에서는 '他的老师当得好'가 중국어 표준어의 진정한 피행위자 주어문이라고 보았다. 만약 '他'가 획득한 것이 동사 '当'의 외부 논항 역할이라면, 동사 앞에 있는 명사구 '他的老师'는 주어만 될 수 있을 뿐, 화제는 될 수 없게 됨에 따라 이 문장은 '他当老师当得好'라는 해석을 얻을 수 있게 된다. 그런데 만약 '他'가 외부 논항 역할을 얻지 못하면, '他的老师'

와 같은 동사 앞의 명사구는 화제가 될 수 있다.

> 他i的老师他j当得好。(如:张三的老师，他当得好。意思是： 他当张三的老师当
> 得好)
> 그i의 선생님 직무는 그j가 잘 수행한다.(예: 장싼의 선생님 역할은, 그가 잘
> 수행한다. 의미: 그는 장싼의 선생님 역할을 잘 수행한다)

그렇기 때문에 '他的老师当得好'는 여전히 중의문이 된다.

이른 바 남북 차이의 관건은 해당 언어가 피행위자 주어문을 허용하느냐 여부에 달려있다. 표준어에서는 'NP₁的NP₂'가 피행위자 주어가 될 수 있지만, 남방 방언에서 이 구조는 피행위자 주어가 될 수 없다. 하지만 'NP₁的 NP₂'가 목적어 자리에 있을 때는 피행위자 주어문의 문제가 존재하지 않으므로 주어·목적어의 비대칭이 발생한다.

후젠화(胡建华 2016)에서는 편폭의 제한으로 인해 인지기능학파의 관련 논의에 대해서는 논평하지 않는다고 설명하였지만, 피행위자 주어론도 혼합유추론을 위협하지는 않았다. 이는 혼합론의 b식 '他的课讲得好(그는 수업을 잘한다)'의 주어의 중심어가 '课(수업)'이므로 사실상 우선적으로는 역시 '课讲得好(수업을 잘한다)'라는 문장이기 때문이다. 논항 관계의 각도에서 말하더라도 역시 피행위자 주어문이라고 할 수 있다. 하지만 화제부각형 언어로서의 중국어 본질의 관점에서 말한다면, '谁当得好(누가 잘하는가)'에 연연할 것이 아니라 '谁怎么了(누가 어떻게 되었는가)'에 관심을 가져야 한다는 것이다.

제
14
장

**피행위자
소유격**

피행위자 소유격

'我来帮你的忙(내가 너를 도와줄게)'과 같은 예문은 주더시(朱德熙 1982)에서 말한 C유형의 준목적어에 해당된다. 그렇지만 이 분야의 연구는 사실 뤼수샹(呂叔湘)이 가장 먼저 시작하였으며, '피행위자 소유격(領格表受事)'이라고 칭하였다.

제1절 대표적인 연구

'VN的O' 어순에서 'NO'의 의미는 일반적으로 협의의 소유 관계이고 '소유를 나타내는 소유격'이며, 전형적인 예는 '抓他的手(그의 손을 잡다)'이다. 하지만 뤼수샹(呂叔湘 1946)은 이와는 다른 현상을 발견하였다.

吃他们的亏 그들로 인해 손해를 입다
介他的意 그에게 신경 쓰다
说我的鬼话 나에 관한 허튼소리를 하다
盯你的梢 너를 미행하다
请谁的客 누구에게 대접하니?
害卢珊的相思病 루산으로 인해 상사병에 걸리다

그는 글에서 이 구조를 여전히 'VN的O'라고 본다면, 'N'은 '소유격대명사'이면서도 "일반적인 소유 의미는 전혀 없고 직접 혹은 간접적인 피행위자를 나타낸다"고 지적하였다. 또 이때 피행위자는 목적격, 여격(dative case), 탈격(ablative case) 등을 모두 포함하는 넓은 의미로 이해해야 한다고 주장하였다. 또 "동사는 숙어적인 목적어를 가지는데 이 둘을 합치면 사실상 하나의 단순한 동사"가 되며, "의미상의 목적어가 추가로 하나 더 있을 수 있다"라고 하였다.

뤼수샹은 이후 약간의 예를 제시함으로써 '일반적인 소유 의미는 전혀 없다'라는 한계를 돌파하였다. 그가 제시한 예는 '给朋友拆台(친구를 궁지에 빠뜨리다)'인데, 여기서 '台(무대)'는 '朋友(친구)'의 것이다.

여기에는 자오위안런의 공로가 특히 크다. 그는 이러한 목적어를 '소유격 목적어(possessive objects, Chao 1968:§6.5.6.6)라고 하였는데, 추가로 제시한 예 역시 '일반적인 소유 의미가 없다'는 제약을 완전히 받지는 않았다.

> 전형적인 소유 의미에 가까운 예:
> 借您的光 당신의 신세를 지다
> 坍我的台 나를 무너뜨리다
> 送他的行 그를 배웅하다
>
> 전형적인 소유 의미에서 벗어난 예:
> 捣他的乱 그를 방해하다
> 多他的心 공연히 그를 걱정하다
> 赌我的气 나에게 삐치다

자오위안런은 위의 예에서 'N'이 사실상 동작의 대상(goal)을 나타낸다고 보았다. '대상'은 의미격이 아닌 의미요소로 이해해야 하며, '광의의 피행위자'라는 공통점을 나타낼 수 있어야 한다. '借光(신세를 지다)의 대상은 您(당신)'이고, '搗乱(귀찮게 하다)의 대상은 他(그)' 등에서 보듯이, 소유 의미의 유무와 관계없이 거의 모든 예에서 'VO의 대상은 N'이라는 변환식이 있을 수 있다.

자오위안런(Chao, 1968:6.5.7.4)에서는 또 중의문도 발견되는데, 이는 '소유를 나타내는 소유격'과 '피행위자를 나타내는 소유격' 사이에 과도기적인 단계가 있음을 말해준다.

> 你得请我的客。
> = 你得请我的客人。네가 나의 손님을 초대해야 돼.

이는 소유격이 소유를 나타내는 것으로, 종속의 의미가 현저하다.

> 你得请我的客。
> = 你得请我客。네가 나에게 한 턱 내야 돼.

이는 소유격이 피행위자를 나타내는 것으로, 대상 의미가 현저하다.

따라서 모든 판단 기준에서 '대상'의 의미가 첫 번째가 되어야 하며, '소유'의 의미, 특히 전형적인 '소유'의 의미는 두 번째가 되어야 한다. 자오위안런(Chao, 1968)에서는 특히 다음과 같이 연동구조의 변환식이 있어서는 안되는 예도 있다고 지적한다.

> 见我的情 나의 호의를 알아주다
> 告他的状 그의 잘못을 일러바치다

说他的闲话 (坏话) 그의 뒷담화(욕)를 하다

또는 변환 후에 의미 변화가 발생하기도 한다.

上他的当 그에게 속아 넘어가다
≠ 给他上当 그를 속이다 (致使他上当(그를 속게 만들다))
借您的光 당신 덕분이다. 당신에게 신세를 지다 (화자가 수혜자)
≠ 给您借光 당신이 신세를 지다 ('您'이 수혜자)[82]

이는 중국어 표준어에서 이러한 사건들의 개념화 구조가 여격구조와 다르
다는 것을 보여준다. 주더시(朱德熙 1982)의 공헌은 이중목적어 구문 변환을
다음과 같이 도입하였다는 것이다.(순서는 조정하였음)

준관형어	전치사	이중목적어
打他的主意[83]	—	打他主意
그에게 뭔가 얻을 생각을 하다		그에게 뭔가 얻을 생각을 하다
劳您的驾	—	劳您驾
당신께 폐를 끼칩니다		당신께 폐를 끼칩니다
帮我的忙	给我帮忙	帮我忙
나를 도와줘	나에게 도움을 줘	나를 도와줘
开我的玩笑	给我开玩笑	—
나에게 농담을 하다	나에게 농담을 하다	
革他的命	—	—
그를 개혁하다		
生他的气	—	—
그에게 화를 내다		

---

82) 역자주: 원문의 예는 '送他的行≠给他送行("只有"宴别"的意思)'였으나 저자와 논의를 거쳐 좀
더 적합한 예로 교체하였다.

하지만, 뒤에 비어있는 뒤의 세 이중목적어 변환식 세 개도 사실은 실제
용례를 찾을 수 있는데, 이 점에 대해서는 깊이 생각해 보아야 한다.

> "你会**开我玩笑**, 难道我不会开你的玩笑吗?"
> "넌 나를 놀릴 텐데, 설마 내가 너를 못 놀리겠어?" (金庸『大国者下流』)
> 要其脱离供养, 确实是**革他命**……
> 그를 공양에서 벗어나게 하는 것은 확실히 그를 혁명하는 것이고……(胡释之
> 『裁减公务员是大势所趋』)
> "只要是他, 那我也不再**生他气了**。"
> "그 사람이라면, 나도 더 이상 그에게 화를 내지 않을 거야." (上官鼎『长
> 干行』)

제2절 어휘 결항론

왜 이러한 구조가 존재할 수 있는가? 뤼수샹(呂叔湘 1946)은 "형식상 이미
하나의 목적어가 있다"면서도 "적절한 전치사가 없기 때문에" 어쩔 수 없이
"소유격의 형식을 취했다"고 주장하였다. 하지만 전치사 구조로 변환될 수
있는 의미 유형은 여러 가지가 있다.

	피행위자 소유격	전치사
피행위자	革自己的命 자신을 혁명하다	对自己革命 자신에 대해 혁명하다

---

83) 역자주: '打主意'는 '마음을 정하다, 방법을 생각하다'인데, '打他的主意'는 '打主意'의 대상
   이 '他'를 나타내므로 '그 사람에게 뭔가를 얻어낼 궁리를 하다'의 의미이다.

사역	误他的事	使他误事
	그의 일을 그르치다	그로 하여금 일을 그르치게 하다
초래	吃他的亏	他使(我)吃亏
	그로 인해 손해를 입다	그가 나에게 손해를 입히다
원인	操琐事的心	为琐事操心
	사소한 일 걱정을 하다	사소한 일 때문에 걱정하다
대상	敬他的酒	向他敬酒
	그에게 술을 권하다	그를 향해 술을 권하다
목적	动她的心	为她动心
	그녀에게 마음이 움직이다	그녀 때문에 마음이 움직이다
여격	开我的玩笑	拿我开玩笑
	나를 놀리다	나를 가지고 놀리다
탈격	提你的成	从你(那儿)提成
	너한테서 공제하다	너에게서 공제하다
수혜자	帮我的忙	给我帮忙
	나를 도와주다	나에게 도움주다

이 예들은 모두 '사용 가능한 적절한 전치사'가 있지만 여전히 '소유격의 형식을 채택'하였는데, 이는 다른 요인이 작용함을 나타낸다. 기능문법의 원칙에 따르면, 형식이 다르면 반드시 기능도 다르다. 하지만 이와 동시에 또 여러 가지 의미역에 퍼져 있지만 변환할 수 없는 경우도 있으며, 어떤 의미역에 속하는지 판단하기가 어려운 경우도 있음을 알아야 한다.

	피행위자 소유격	전치사
피행위자	揩你的油 너에게 이득을 보다	*对你揩油
사역	点你的将 너를 선발하여 임무를 부여하다	*把你点(成)将
대상	绑你的票 너를 인질로 삼다	*对你(实施)绑票
경험자(经事)	充你的军 너를 귀양 보내다	*让你(经历)充军
감지자(感事)[84]	见我的情 나의 호의를 알아주다	*让你(感到)见情

접수자(与事)	告他的状 그의 잘못을 일러바치다	*拿他告状
시혜자	报你的恩 너의 은혜에 보답하다	*给你报恩
?	生他的气 그에게 화를 내다	? 跟 / 对他生气

이를 통해 의미역의 차이는 소유격 형식의 채택 가능 여부를 결정할 수가 없음을 알 수 있다. 이는 의미역이 결정적인 요소가 아님을 나타낸다. 적절한 전치사의 유무와 무관하게 모두 소유격 형식을 취할 수 있다면, 그 이면에는 또 다른 동인이 있지 않을까?

제3절 통사적 결위론

또 하나의 가능성은 통사적 원인이다. 그 중 "이미 동목구조가 존재하기 때문에 의미상의 피행위자를 또다시 뒤에 둘 수 없다"(丁声树等 1961)라는 주장은 일리가 있어 보인다. 동목구조가 또다시 목적어를 가지는 데 제약이 따르고, 동사의 타동성 작용 범위가 동사구 내부에 국한되어 있기 때문에 전체 동사구는 새로운 타동성을 생성하기가 어렵다. 그러나 자오위안런(Chao,

---

84) 역자주: 이 책의 저자에 따르면, 중국 언어학계에서 의미역 experiencer의 중국어 번역으로는 '当事', '经事', '感事'가 모두 사용된다. 'experiencer'의 중국어 번역은 여러 문헌마다 차이가 있는데, 탕팅츠(汤廷池 1992, 1994), 쉬례중과 선양(徐烈炯·沈阳 1998), 원빈리(温宾利 2002:49) 등은 '感受者'로 번역하였고, 위안위린(袁毓林 2005, 2007), 둥청루(董成如 2011) 등은 '经事'로 번역하였으며, 황정더(黄正德 2007), 마즈강(马志刚 2008) 등은 '历事'로 번역하였다. 또 슝중루(熊仲儒 2004:76, 261), 허위안젠(何元建 2011:209, 224) 등은 '当事'로 번역하였으며, 쑨톈치와 판하이화(孙天琦·潘海华 2012)는 '经验者'로 번역하였다. 그런데 천창라이(陈昌来 2004)의『现代汉语语义平面问题研究(현대 중국어 의미 평면 문제 연구)』에서는 의미역 senser를 '感事'로 번역하기도 하였다.

저자는 이 책이 개괄적 성격을 띠는 도서이기 때문에 기본적으로 위 원작의 용어를 그대로 반영하고 있으며, 여기서 '见我的情'는 느낌을 나타내기 때문에 senser에 해당된다고 밝혔다. 본 역서에서는 이에 따라 '经事'를 '경험자'로, '感事'는 '감지자'로 번역하였다.

1968: §6.5.7.4)은 뒤에 '외심식(离心式)' 용법에 대해 분석을 하였다.

费您的心 당신을 마음 쓰게 하였습니다 = 费心您

싱궁완(邢公畹 1997)은 동목구조가 또 다시 목적어를 가지는 것에 대해 의심스러운 문형이라고 여겼으나, 사실 이러한 문형은 고대에 이미 존재하였음을 발견하였다. 이는 『사기(史记)』에서부터 초기 현대 중국어에 이르기까지 줄곧 단절되지 않았을 뿐만 아니라 또 유행할 것으로 보인다. 예를 보자.

先用隐约的笔法写菊英的母亲怎样爱女儿, **担心女儿**, 要替她定一头亲事。
먼저 은은한 필치로 쥐잉의 어머니가 어떻게 딸을 사랑하고 걱정하면서, 딸을 위해 혼사를 정하려 하는지를 썼다.(苏雪林『王鲁彦与许钦文』)
父母不用**操心儿女**, 儿女也不用为赡养老人担忧。
부모도 자녀를 걱정할 필요가 없고, 자식도 노인을 부양하기 위해 근심할 필요가 없다. (胡军华『以房养老, 金钥匙还是纸画饼?』)
原来当年的竞争对手一直还在**"盯梢"我**。
알고 보니 당시의 경쟁 상대는 계속해서 여전히 나를 '미행'하고 있었다. (『文汇报』2000年 6月 2日)

'외심적' 용법이 상당히 보편적이지는 않지만, 둘의 변환은 실제로 존재한다. 이는 목적어가 없는 자리에 사용할 수 있는 통사적 동인이 결코 성립하지 않음을 나타낸다.

제4절 의미 불명확론

리구이메이(李桂梅 2009)는 동사 틀의 의미 지식에서 원인을 찾고자 하였다. 사건의 구조가 반드시 여러 개의 참여자를 포함해야만 이 형식에 들어갈 수 있음을 뤼수샹(呂叔湘 1946)의 논술을 통해 알 수 있다. 쑨더진(孫德金 1999)은 이를 [+다방향성]으로 요약하고, [+손익성]으로 설명하였다.

리구이메이(李桂梅 2009)에서는 더 나아가 다음 두 가지 주요 제약 요소가 있음을 제기하였다.

1. 참여자역이 현저해야 한다. '签歌迷的名'이 비문인 이유는 두 개의 참여자를 포함하지만, 그 가운데 행위 주체만 현저하기 때문이다.

2. 동사는 높은 에너지를 가지므로 사람에게 손해를 끼치거나 이익을 줄 수 있다. '见你的面, 担他的心[85]'이 성립하지 않는 이유는 '见面'과 '担心'이 사람들에게 뚜렷한 영향을 끼치지 않기 때문이다.

그런데 이 두 가지 제약 요소는 재고의 여지가 있다.

첫 번째 제약 요소에서 중요한 것은 'N'의 역할이 현저해야 하지만, 행위자에 대해서는 어떠한 요구 조건도 없어서 영조응(zero anaphora)도 가능하고, 심지어는 생략도 가능하다.

大妈这我就放心了! (*我)**劳你的驾**! 你跟她怎么说的?

아주머니 이것으로 저는 안심이 됩니다! 죄송합니다만, 그 여자한테 어떻게 말했어요? (老舍 『龙须沟』)

"(*你)**滚你的蛋**! "何飞飞不经思索的的骂着说……

"썩 꺼져버려!" 허페이페이는 아무 생각 없이 욕설을 하고는…… (琼瑶 『翦翦风』)

두 번째 제약 요소에서 '피행위자를 나타내는 소유격' 예문 중 'N'은 사

---

85) 저자주: 사실 이 두 예는 모두 코퍼스에서 실례가 있다.

실 모두 손익의 영향을 받는데, 이익보다는 손해가 훨씬 더 많다. 하지만 이는 원인이 아니라 결과인데다, 충분조건도 아니어서 손해를 입히거나 이익을 주는 'VO'가 '피행위자 소유격'에 들어갈 수 없는 경우도 많으며, 첫 번째 제약 요소와 결합하더라도 통제할 수 없는 경우가 역시 존재한다.

> 对合同变卦 계약서에 대해 마음을 바꾸다
> *变合同的卦
> 给学生打气 학생에게 용기를 북돋아 주다
> *打学生的气

또한 손익을 말하는 데 문제가 없다고 하더라도 현저한 영향성과 동사의 고에너지는 직접적인 관련이 없기 때문에 문장이 성립하지 않는 원인을 동사의 고에너지로 돌려서는 안 된다. 심리를 나타내는 '多心(공연한 걱정을 하다)'과 '介意(개의하다)', 피동을 나타내는 '上当(속임수에 걸리다)'과 '中计(계략에 빠지다)' 등은 높은 에너지를 많이 가졌다고 말하기는 상당히 어렵지만, 모두 '피행위자 소유격'에 들어갈 수 있기 때문이다.

따라서 연구의 돌파구를 찾기 위해서는 현저성과 손익 의미의 원인을 더 심도 있게 탐구하는 데 중점을 두어야 할 것이다.

제5절 비교 분석

많은 연구가 "소유격 목적어는 사실상 일종의 동목이합사 분리 형식"이라고 하는 기본적인 인식을 바탕으로 한다.(李桂梅 2009) 이 인식이 처음에 보기에는 틀리지 않고 해석상으로도 다소 일리가 있어 보인다. 즉, 이합사는 어휘화 정도가 높기 때문에 하나의 전체적인 의미로서 목적어를 가질 가능성이 있다는 것이다. 그러나 사실 이합사와 '피행위자 소유격'은 통사, 의미적으로 본질적인 연관성이 없다.

첫째, 성질 상관성이 낮다. 반드시 이합사나 숙어일 필요 없이 일반 동목구도 이 격식에 들어갈 수가 있다.

> "可不! 她尽找善保谈思想, 还**造姚宓的谣**……"
> "그러게요! 그녀가 산바오만 찾아다니며 사상을 이야기하고, 또 야오미의 헛소문을 퍼뜨리니……" (杨绛 『洗澡』)
> "就算他们是本来认识的, 也不能就瞎**造人家的谣言**!"
> "그들이 원래부터 알고 지낸 사이라고 해도 남의 소문을 함부로 퍼뜨려서는 안 되지!"(张爱玲 『多少恨』)
> 境内有人跑到外(国)做手脚, **制造银行的谣言**。
> 국내의 어떤 사람이 외국으로 도망가서는 몰래 간계를 꾸며 은행의 헛소문을 날조하였다. (BCC语料库·科技文献)

'造谣(헛소문을 내다)'는 이합사이고 '造谣言(유언비어를 날조하다)'은 심지어 전형적인 숙어도 아니며, '制造谣言(헛소문을 날조하다)'은 이합사도 숙어도 아닌 일반 동목구이다. 이들은 구조적 성질은 다르지만 모두 '피행위자 소유격'에 들어갈 수 있다. 또 다른 예를 보자.

> 他不愿**借太太的光**
> 그는 부인의 신세를 지고 싶어 하지 않는다 (钱锺书 『猫』)
> 想**借父辈的光环**来涂抹自己的生活
> 부모 세대의 후광을 빌려서 자기 삶을 분칠하려 한다 (『人民日报』1997年1月2日)

두 번째 예에서 '借(빌다)'는 '假借(차용하다)', '借助(도움을 빌다)'로 바꾸어도 무방해 보인다. '피행위자 소유격'이 반드시 이합사나 숙어이기를 요구하지는 않고, 단지 특정한 사건구조만을 요구한다는 것을 알 수 있다.

둘째, 수량 상관도가 낮다. 쑨더진(孙德金 1999)의 통계에 따르면, 16.5%의 이합사만이 이 격식에 들어갈 수 있고, 대다수 이합사는 '피행위자 소유격' 으로 사용될 수 없다.

> *叫你的真   *称你的职   *变你的卦
> *打你的雷   *参你的政   *超你的员

셋째, 변환 상관도가 낮다. 많은 동목이합사는 사실상 뒤에 목적어를 가질 수 있으므로 의미상의 목적어가 실질적인 위치를 차지한다. 따라서 그들 역시 상응하는 여격 의미를 가지지만, '피행위자 소유격'으로 변환하는 것은 불가능하다.

> 让利购房人   上书党中央
> 집 매수자에게 값을 깎아주다   당중앙에 서신을 올리다
> 向购房人让利   给党中央上书
> 집 매수자에게 값을 깎아주다   당중앙에 서신을 올리다
> *让购房人的利   *上党中央的书

따라서 이합사와 피행위자 소유격의 연결은 실제로 그렇게 긴밀해 보이지는 않는다. 차이수메이(蔡淑美 2010)로 대표되는 또 다른 연구는 여격구조를 바탕으로 한다. 하지만 여격구조와 피행위자 소유격의 거리 역시 사실은 비교적 멀다. 이유는 두 가지이다.

첫째, 앞의 글에서 알 수 있듯이, 이합사와 피행위자 소유격은 서로 변환되지 않는 예가 많고, 의미적으로도 큰 상관관계가 없다. 양자의 전환 가능 여부는 어떤 여격 의미를 나타내느냐에 달려있지 않다.

둘째, 상이한 문맥에서는 동일한 어휘 형식이 여러 개의 의미역에 대응할 수 있다. '生气'를 예로 들어보자.

我一想来就**生老爸的气**。
나는 생각만 해도 아빠에게 화가 난다. (아빠 때문에 화가 나다, 원인)
不过不是**生你的气**。
하지만 너에게 화를 낸 것은 아니야.(跟你气 너에게 화내다, 여격)86)
不想对你发脾气, 不想**生你的气**。
너에게 성질내고 싶지 않고, 화내고 싶지 않아.(对你气 너에게 화내다, 대상)

차이수메이(蔡淑美 2010)는 '拜年(새해 인사를 드리다), 投稿(투고하다), 撒娇(응석 부리다)' 등과 '敬酒(술을 권하다)'류가 의미 유형적으로 매우 가까운데도 '敬你的酒(당신에게 술을 드리다)'라고는 말할 수 있지만, '拜你的年, 投你的稿, 撒父母的娇'와 같은 표현은 왜 잘 말하지도 않고 코퍼스에서도 찾아볼 수 없는가 하고 의문을 제기한다. 사실은 바로 이러한 모순이 피행위자 소유격의 성립 여부가 여격의 의미 유형과는 직접적인 규칙적 대응 관계가 없다는 것을 증명하는 것이다. 왜냐하면 중국어의 관형어와 중심어의 의미 관계는 명확히 구분하기가 어렵기 때문이다.

---

86) 역자주: 저자에 따르면 이 문장의 문맥은 화자가 '화를 내다'의 행위를 할 때 '你'는 그 자리에 없을 가능성이 높으며, 화자가 나중에 '你'를 만나서 말을 하는 경우이다. 이때 '你'는 화풀이의 직접적인 대상은 아니지만, 화자의 '生气'라는 사건구조 속에는 여전히 '你'의 참여가 있기 때문에 '여격'이라고 보았다.

제6절 연속포함론

완취안(完权 2017)은 피행위자 소유격과 통사, 의미 상관도가 가장 높은 것은 이합사나 여격구조가 아닌 이중타동구조라는 것을 발견했다. 피행위자 소유격은 모두 이중목적어문으로 변환이 가능하다.

见我的情[87) → 见我情 나의 호의를 고마워하다
告他的状[88) → 告他状 그를 고소하다
说他的闲话[89) → 说他闲话 그의 뒷담화를 하다

하지만 이중목적어구문이 피행위자 소유격으로 변환하는 데는 제약이 따른다.

人家称他呆霸王 남들은 그를 우둔한 폭군이라고 부르다
*人家称他的呆霸王
挂墙上一幅画 벽에 그림 한 폭을 걸다
*挂墙上的一幅画

이중타동구조는 피행위자 소유격의 영혼에 해당하는 '대상' 의미를 공유한다. 피행위자 소유격과 일부 이중타동구조는 서로 변환이 가능한데, 그 이유는 바로 이들 두 구조가 같은 유형의 사건에 대해 서로 다른 개념화의 결과이기 때문이다. 전형적인 이중타동구문은 시혜 행위를 위주로 하는 '의도

---

87) 역자주: '见情'은 '(호의에) 감사하다. 은혜를[호의를] 알아주다'이며, 가령 '他不见你的情'은 '그는 내 호의에 감사할 줄 모른다'의 의미이다.
88) 역자주: '告状'은 '고소(기소)하다. 일러바치다'의 의미이다.
89) 역자주: '说闲话'는 '뒷공론하다. 뒷말하다. 한담하다'의 의미이다.

적인 수여성 양도'를 나타낸다.(张伯江 1999) 하지만 피행위자 소유격은 손해 의미, 부정적인 평가를 나타내거나 부정적인 문맥에서 더 많이 사용된다.

이중타동구조는 무표적인 반면, 피행위자 소유격은 유표적이어서 둘의 비대칭을 초래한다. 이중타동구조는 현장에서 직접 주는 것을 원형으로 하여 은유를 통해 여러 가지 다양한 유형으로 확장되기 때문에(张伯江 1999) '수여와 취득' 양방향 모두에 적용된다. 반면, 피행위자 소유격은 '대상'이 현저해지고, 이를 중심으로 이중타동사건을 식별하기 때문에 전체가 아닌 일부 이중타동사건에만 적용된다. 이러한 양상은 이중타동구조와 피행위자 소유격의 변환에 있어 비대칭성을 초래한다. 예를 보자.

拜舅舅年 拜舅舅的年 외삼촌께 새해 인사를 하다
*拜你年拜你的年 너 새해 복 많이 받아

새해에 인사하기라는 일에서는 '舅舅(외삼촌)'이 '你(너)'보다는 대상으로서 더 전형적이기 때문에 더욱더 당연하고 쉽게 현저해진다.

'소유구조'는 일종의 통사 구조이고, '소유의미'는 일종의 의미 유형이다. 참조체와 목표라는 관계에 부합하기만 하면 소유구조도 비소유의 의미를 나타낼 수도 있다. '소유격이 소유를 나타내는' 전형적인 소유구조에서부터 '소유격이 피행위자'를 나타내는 비전형적인 소유구조에 이르기까지 모두 참조체 구조인데, 차이는 소유격의 의미에 있다. 의미 전형성의 단계 차이를 반영하는 연속포함 관계를 나타내면, 아래의 그림과 같다.

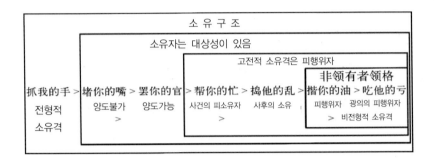

이 연속포함 관계[90]에서는 의미적으로 아무리 전형적이지 않은 실례(实例)더라도 인지적으로는 참조체 구조에 속하고, 통사적으로는 여전히 소유구조로 귀속된다. 다시 말해 '피행위자 소유격'도 '소유를 나타내는 소유격'의 일종에 불과하다는 것이다. 'N과 O는 관련이 있다'와 'N은 O보다 더 현저하다'라는 것은 참조체 구조로서의 '的'자 구조의 핵심조건이다. 관련성은 참조체 관계를 결정하고, 현저성은 참조체가 누구인지를 결정한다.

제7절 연속포함 관계를 만드는 혼합유추

선쟈쉬안(2007)은 혼합유추의 방식을 사용하여 여러 종류의 이른바 '준/가짜관형어'의 생성을 설명했는데, 여기에는 피행위자 소유격도 포함된다. '我不买他的账(나는 그의 체면을 세워주지 않는다)'을 예로 하여 각 요소를 다음과 같은 유추 과정에 기입한다.

---

90) 저자주: 차이수메이(蔡淑美 2017)도 송나라 전후부터 민국시대까지의 통시 코퍼스를 사용하여 "관형어에서부터 준관형어에 이르는 진화는 사실상 'V+X+的+O' 안에서 X의 소유 의미는 약해지고 대상 의미는 강화되는 과정"이라고 주장했다.

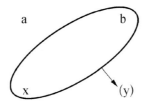

a. 我不领情
　　나는 감사히 여기기 않는다

b. 我不领他的情
　　나는 그에게 감사히 여기지 않는다

x. 我不买账
　　나는 체면을 세워주지 않는다

y. ――― ← xb 我不买他的账
　　나는 그의 체면을 세워주지 않는다

다시 간단한 추론식을 사용하여 예를 들어보자.

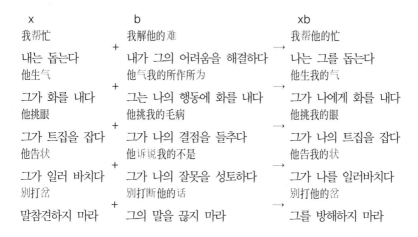

x		b		xb
我帮忙		我解他的难		我帮他的忙
내는 돕는다	+	내가 그의 어려움을 해결하다	→	나는 그를 돕는다
他生气		他气我的所作所为		他生我的气
그가 화를 내다	+	그는 나의 행동에 화를 내다	→	그가 나에게 화를 내다
他挑眼		他挑我的毛病		他挑我的眼
그가 트집을 잡다	+	그가 나의 결점을 들추다	→	그가 나의 트집을 잡다
他告状		他诉说我的不是		他告我的状
그가 일러 바치다	+	그가 나의 잘못을 성토하다	→	그가 나를 일러바치다
别打岔		别打断他的话		别打他的岔
말참견하지 마라	+	그의 말을 끊지 마라	→	그를 방해하지 마라

일반 소유구조인 b식에서부터 피행위자 소유구조인 xb식까지 유추하기 위해서는 일정한 조건의 제약이 필요하기 때문에 xb식은 당연히 특수한 소유구조일 수밖에 없다.

요컨대, 이 문장들은 구조적으로 모두 평행하고 모국어 화자의 심리에서
는 더없이 자연스러운 '的'자 구조들이다.

결론

결론

이제 드디어 이 책의 결말을 쓸 때가 되었다. 하지만 '的'자와 '的'자 구조에 대한 연구는 아직 끝나지 않았다. 우리는 이 노다지 광산을 아직 계속 더 파내려 갈 수 있고, 이 지렛목을 이용해서 중국어 문법 연구를 또 지속적으로 추진해 나갈 수 있다고 믿을 충분한 이유가 있다. 그런데 미래에 대한 전망 속에서도 걸어온 길을 돌아보지 않을 수 없다.

『마씨문통(马氏文通)』91)의 시대에 인도유럽어 문법에 대한 체계적인 접근은 중국어 연구에 새로운 문을 열어 주었다. 그러나 인도유럽어 연구의 전통에 대한 맹신은 인도유럽어적 안목을 형성하게 하였는데, 이는 색안경을 끼고 사물을 보는 것과 같아서 중국어의 참모습을 정확하게 볼 수 없게 하였다.

백 년 동안의 '的'자 연구 역사는 인도유럽어의 안목에 얽매여 많은 기로에 부딪힘으로써 수많은 시행착오를 겪었다. 구별과 묘사의 싸움, 명사화 소용돌이, 내심구조 난제, 자기지시(self-designation, 自指)와 전환지시(transfered-designation, 转指)의 관계, 'N的V'인가 'N的N'인가, 이동파생인가 혼합유추

---

91) 역자주: 중국 청나라 말기인 1898년에 마건충(马建忠)이 지은 중국 최초의 서구식 문법서. 책에서는 중국어의 품사를 명사, 대사, 동사, 형용사, 부사, 개사, 연사, 조사, 탄사 9종류로 나누었다. 또 문장 성분을 각각 주어, 술어, 목적어, 표사(表词), 외동사(外动词), 가사(加词) 7종류로 나누고 있다.

인가…… 이와 반대로, '的'자 연구의 중대한 돌파구는 모두 인도유럽어의 안목에서 탈피하고 중국어의 현실을 그대로 직시한 결과이다. 따라서 '的'라는 노다지 광산에서 보물을 계속 발견하고 싶다면, 반드시 인도유럽어의 안목에서 벗어나 중국어의 본모습을 직시하여야 한다.

기성 이론의 짐 보따리를 내려놓고 소박한 시각으로 솔직하고 성실하게 중국어 사실을 직시할 때만이 비로소 진정한 이론적 혁신을 이룰 수 있을 것이다. 이처럼 있는 그대로의 사실에 입각하여 실사구시적으로 진리를 탐구하는 연구의 모범으로 멀게는 주더시(朱德熙)가 중국어 수식구의 동격성을 발견한 것이 있고, 가까이로는 선쟈쉬안(沈家煊)이 중국어 품사의 명동포함을 발견이 있다. 이러한 성과는 모두 중국어 사실에 대한 정확한 인지를 바탕으로 중국어 문법 연구의 새로운 패러다임을 확립한 것이다. 짐 보따리를 내려놓고 사실을 존중하면, 틀림없이 종국에는 중국어 연구에서 얻은 수확을 다른 언어로 확대하여 일반 언어 이론을 풍부하게 발전시킬 수 있게 될 것이다.

편폭의 제한으로 인해 이 책의 소개가 방언이나 역사, 언어유형 비교를 거의 다루지 못한 것은 큰 아쉬움으로 남는다. 앞으로 보완할 수 있는 기회를 가질 수 있기를 희망한다.

참고문헌

蔡淑美(2010), 「现代汉语特殊与格结构"V+X+的+O"的语义性质和句法构造」, 『世界汉语教学』第3期.

蔡淑美(2017), 「从定语到准定语」, 『世界汉语教学』第1期.

蔡维天(2015), 「"的"不的, 非常"的"」, 『中国语文』第4期.

陈国华(2009), 「从"的"看中心语构造与中心语的词类」, 『外语教学与研究』第2期.

陈琼瓒(1955), 「修饰语和名词之间的"的"字的研究」, 『中国语文』10月号.

陈玉洁(2009), 「汉语形容词的限制性和非限制与"的"字结构的省略规则」, 『世界汉语教学』第2期.

陈玉洁(2010), 『汉语指示词的类型学研究』, 北京: 中国社会科学出版社.

陈宗利(2007), 「汉语关系从句的位置与关系结构的特点」, 『现代外语』第4期.

程工(1999), 『语言共性论』, 上海: 上海外语教学出版社.

崔应贤(2004), 「也谈谓词隐含及其句法后果问题」, 『贵州教育学院学报』(社会科学版) 第3期.

(日)大河内康宪: 「量词的个体化功能」, (日) 『中国语学』1985年, 总第232期. 又载于大河内康宪主编『日本近、现代汉语研究论文选』, 靳卫卫译, 北京: 北京语言学院出版社, 1993年版.

邓思颖(2006), 「以"的"为中心语的一些问题」, 『当代语言学』第3期.

邓思颖(2008), 「"形义错配"与名物化的参数分析」, 『汉语学报』第4期.

邓思颖(2009), 「"他的老师当得好"及汉语方言的名物化」, 『语言科学』第3期.

邓思颖(2010), 「"形义错配"与汉英的差异」, 『语言教学与研究』第3期.

丁声树・吕叔湘・李荣・孙德宣・管燮初・傅婧・黄盛璋・陈治文(1961), 『现代汉语语法讲话』, 北京: 商务印书馆.

方梅(2004), 「汉语口语后置关系从句研究」, 『庆祝<中国语文>创刊50周年学术论文集』, 北京: 商务印书馆.

方绪军・李翠(2017), 「"N的V单"的构成及其语篇使用情况考察」, 『汉语学习』第2期.

范继淹(1958), 「形名组合间"的"字的语法作用」, 『中国语文』5月号.

范继淹(1979), 「"的"字短语代替名词的语义规则」, 『中国语文通讯』第3期.

高名凯(1944), 「汉语规定词"的"」, 『汉学』第1辑. 又载于『高名凯语言学论文集』, 北京: 商务印书馆, 1990年版.

高顺全·蒲丛丛(2014),「"大＋时间词＋的"格式补议」,『国际汉语教学研究』第4期.

古川裕(1989),「"的s"字结构及其所能修饰的名词」,『语言教学与研究』第1期.

郭锐(2000),「表述功能的转化和"的"字的作用」,『当代语言学』第1期.

何元建·王玲玲(2007),「论汉语中的名物化结构」,『汉语学习』第1期.

贺阳(2013),「定语的限制性和描写性及其认知基础」,『世界汉语教学』第1期.

洪爽·石定栩(2017),「名词性结构中"的"的句法性质」, 邓思颖主编『汉语'的'的研究』, 北京: 北京大学出版社.

胡建华(2016),「"他的老师当得好"与论元的选择」,『世界汉语教学』第4期.

胡裕树(1994),「动词形容词的"名物化"和"名词化"」,『中国语文』第2期.

黄国营(1981),「伪定语和准定语」,『语言教学与研究』第4期.

黄国营(1982),「"的"字的句法、语义功能」,『语言研究』第1期.

黄和斌(2014),「质疑"两个问题"与"一个难题"」,『外国语』第4期.

黄景欣(1962),「读『说"的"』并论现代汉语语法研究的几个方法论问题」,『中国语文』8－9月号.

黄师哲(2008),「语义类型相配论与多种语言形名结构之研究」,『汉语学报』第2期.

黄师哲(2013),「类型论、类型转换理论和汉语修饰结构之研究」, 王志洁·陈东东 (编),『西方人文社科前沿述评: 语言学』, 北京: 中国人民大学出版社.

黄正德(2008),「从"他的老师当得好"谈起」,『语言科学』第3期.

吉田泰谦(2011),「指称性主语的分类及其句法、语义特点」,『世界汉语教学』第2期.

江蓝生(1999),「处所词的领格用法与结构助词"底"的由来」,『中国语文』第2期.

金晶(2016),「汉语"度量短语＋"的"＋名词"的再分类」,『当代语言学』第2期.

黎锦熙(1924),『新著国语文法』, 北京: 商务印书馆.

黎锦熙·刘世儒(1957),『汉语语法教材』(第一编), 北京: 商务印书馆.

李桂梅(2009),「领格宾语构式"V N的O"探析」,『汉语学习』第3期.

李晋霞(2003),「双音动词作定语时"的"隐显的制约条件」,『汉语学习』第1期.

李讷·安珊笛·张伯江(1998),「从话语角度论证语气词"的"」,『中国语文』第2期.

李艳惠(2008),「短语结构与语类标记: "的"是中心词?」,『当代语言学』第2期.

林若望(2016),「"的"字结构、模态与违实推理」,『中国语文』第2期.

铃木庆夏(2000),「形名组合不带"的"的语义规则初探」,『语法研究和探索』(九), 北京: 商务印书馆.

刘丹青(2005),「汉语关系从句标记类型初探」,『中国语文』第1期.

刘丹青(2008ª),「汉语名词性短语的句法类型特征」,『中国语文』第1期.

刘丹青(2008ᵇ),『语法调查研究手册』,上海: 上海教育出版社.

刘丹青(2009),「话题优先的句法后果」,载于程工·刘丹青主编『汉语的形式与功能研究』,北京: 商务印书馆.

刘丹青·徐烈炯(1998),「焦点与背景、话题及汉语"连"字句」,『中国语文』第4期.

刘礼进(2009),「再谈中心词理论与"的"字结构」,『现代外语』第4期.

刘宁生(1994),「汉语怎样表达物体的空间关系」,『中国语文』第3期.

刘宁生(1995),「汉语偏正结构的认知基础及其在语序类型学上的意义」,『中国语文』第2期.

刘探宙(2017),『汉语同位同指组合研究』,北京: 中国社会科学出版社.

刘月华(1982),「定语的分类和多项定语的顺序」,『语言学和语言教学』,合肥: 安徽教育出版社.

陆丙甫(1988),「定语的外延性、内涵性和称谓性及其顺序」,『语法研究和探索』(四),北京: 北京大学出版社.

陆丙甫(1992),「从"跳舞"、"必然"的词性到"忽然"、"突然"的区别」,『语言研究』第1期.

陆丙甫(1992),「从语义、语用看语法形式的实质」,『中国语文』第5期.

陆丙甫(2000),「汉语"的"和日语"の"的比较」,(日)『现代中国语研究』第1期,日本京都: 朋友书店.

陆丙甫(2003),「"的"的基本功能和派生功能－－－从描写性到区别性再到指称性」,『世界汉语教学』第1期. 完整版载于『汉语词汇·句法·语音的相互关联』,北京: 北京语言大学出版社,2007年 第1版.

陆丙甫(2004),「作为一条语言共性的"距离－标记对应律"」,『中国语文』第1期.

陆丙甫(2005),「语序优势的认知解释 (上、下)」,『当代语言学』第1、2期.

陆丙甫(2008),「再谈汉语"的"和日语"の"的关系」,『外国语』第3期.

陆俭明(1963),「"的"的分合问题及其他」,『语言学论丛』(第五辑),北京: 商务印书馆.

陆俭明(2003),「对"NP＋的＋VP"结构的重新认识」,『中国语文』第5期.

陆俭明(2010),「关于领属性DP结构的生成」,『外国语』第6期.

陆烁(2017),「汉语定中结构中"的"的句法语义功能」,『中国语文』第1期.

陆烁·潘海华(2013),「从英汉比较看汉语的名词化结构」,『外语教学与研究』第5期.

陆烁·潘海华(2016),「定中结构的两分和"的"的语义功能」,『现代外语』第3期.

陆宗达·俞敏(1954),『现代汉语语法』(上册),北京: 群众书店.

吕叔湘(1942／1944),『中国文法要略』,北京: 商务印书馆. 1942年上卷初版, 1944年中卷下卷初版.1982年"汉语语法丛书"本, 新1版.

吕叔湘(1943), 「论底、地之辩及底字的由来」, 『金陵、齐鲁、华西大学中国文化汇刊』 第3卷. 又
　　　　载于 『汉语语法论文集』(增订本), 北京: 商务印书馆, 1984年 增订第1版.

吕叔湘(1946), 「领格表受事及其他」, 『国文月刊』 总46期.

修订本一载 『汉语语法论文集』(语言学专刊), 北京: 科学出版社, 1955 年版 ; 修订本二载 『语文
　　　　杂记』, 上海: 上海教育出版社, 1984年版.

吕叔湘(1962), 「关于"语言单位的统一性"等等」, 『中国语文』 11月号.

吕叔湘(1963), 「现代汉语单双音节问题初探」, 『中国语文』 1月号.

吕叔湘(1965), 「语文札记」, 『中国语文』 第4期.

吕叔湘(1979), 『汉语语法分析问题』, 北京: 商务印书馆.

吕叔湘(1984), 「关于"的"、"地"、"得"的分别」, 『语文杂记』, 上海: 上海教育出版社.

吕叔湘・朱德熙(1952), 『语法修辞讲话』(合订本), 北京: 开明书店.

马学良・史有为(1982), 「说"哪儿上的"及其"的"」, 『语言研究』 第1期.

马真(2004), 『现代汉语虚词研究方法论』, 北京: 商务印书馆.

梅广(1978), 「国语语法的动词组补语」, 载『屈万里先生七秩荣庆论文集』, 台北: 联经出版社.

木村英树(2003), 「"的"字句的句式语义及"的"字的功能扩展」, 『中国语文』 第4期.

潘海华・陆烁(2011), 「从"他的老师当得好"看句法中重新分析的必要性」, 『语言研究』第 2 期.

潘海华・陆烁(2013), 「DeP分析所带来的问题及其可能的解决方案」, 『语言研究』 第4期.

屈承熹(2005), 『汉语认知功能语法』, 哈尔滨: 黑龙江人民出版社.

人民教育出版社中学语文室 (1984), 『中学教学语法系统提要 (试用)』, 『中学语文』 第 4期.

任鹰(2008), 「"这本书的出版"分析中的几个疑点」, 『当代语言学』 第4期.

杉村博文(1999), 「的字结构承指与分类」, 江蓝生、侯精一主编 『汉语现状与历史的研究』, 北京:
　　　　中国社会科学出版社.

沈家煊(1995), 「"有界"与"无界"」, 『中国语文』 第5期.

沈家煊(1999a), 「转指和转喻」, 『当代语言学』 第1期.

沈家煊(1999b), 『不对称和标记论』, 南昌: 江西教育出版社.

沈家煊(2006a), 「"糅合"和"截搭"」, 『世界汉语教学』 第4期.

沈家煊(2006b), 「"王冕死了父亲"的生成方式———兼说汉语"糅合"造句」, 『中国语文』 第4期.

沈家煊(2007a), 「汉语里的名词和动词」, 『汉藏语学报』 第1期, 北京, 商务印书馆.

沈家煊(2007b), 「也谈"他的老师当得好"及相关句式」,(日) 『现代中国语研究』 第9期, 日本京都:
　　　　朋友书店.

沈家煊(2008 a), 「李白和杜甫: 出生和"出场"－－论话题的引入与象似原则」, 『语文研究』第2期.

沈家煊(2008 b), 「"移位"还是"移情"－－析"他是去年生的孩子"」, 『中国语文』第5 期.

沈家煊(2009 a), 「我看汉语的词类」, 『语言科学』第1期.

沈家煊(2009 b), 「我只是接着向前跨了半步」, 『语言学论丛』(第40辑), 北京: 商务印书馆.

沈家煊(2012 b), 「"零句"和"流水句"－－为赵元任先生诞辰120周年而作」, 『中国语文』 第5期.

沈家煊(2013), 「谓语的指称性」, 『外文研究』第1期.

沈家煊(2014), 「如何解决状语问题」, 『语法研究和探索』(十七), 北京: 商务印书馆.

沈家煊(2016), 『名词和动词』, 北京: 商务印书馆.

沈家煊(2017), 「"结构的平行性"和语法体系的构建－－－ 用 "类包含"讲汉语语法」, 『华东师范大学学报』(哲学社会科学版) 第4期.

沈家煊・柯航(2014), 「汉语的节奏是松紧控制轻重」, 『语言学论丛』(第50辑), 北京: 商务印书馆.

沈家煊・完权(2009), 「也谈"之"字结构和"之"字的功能」, 『语言研究』第2期.

沈家煊・王冬梅(2000), 「"N的V"和"参照体－目标"构式」, 『世界汉语教学』第4期.

盛亚南・吴芙芸(2013), 「指量结构与汉语关系从句共现时的不对称分布及其原因－－－一项基于真实口语语料库的研究」, 『现代外语』第2期.

施关淦(1981), 「"这本书的出版"中"出版"的词性」, 『中国语文通讯』第4期.

施关淦(1988), 「现代汉语里的向心结构和离心结构」, 『中国语文』第4期.

石定栩(2003), 「动词的名词化和名物化」, 『语法研究和探索』(十二), 北京: 商务印书馆.

石定栩(2008), 「"的"和"的"字结构」, 『当代语言学』第4期.

石定栩(2010), 「限制性定语和描写性定语」, 『外语教学与研究』第5期.

石毓智(2000), 「论"的"的语法功能的同一性」, 『世界汉语教学』第1期.

史金生・邝艳(2010), 「"他的老师当得好"句式的形成机制」, 『汉语学习』第5期.

史有为(1984), 「表已然义"的 b"补议」, 『语言研究』第1期.

司富珍(2002), 「汉语的标句词"的"及相关的句法问题」, 『语言教学与研究』第2期.

司富珍(2004), 「中心语理论和汉语的Dep」, 『当代语言学』第1期.

司富珍(2006), 「中心语理论和"布龙菲尔德难题"」, 『当代语言学』第1期.

司富珍(2009), 「从汉语的功能中心语"的"看CP和DP的平行性」, 『语言学论丛』(第三十九辑), 北京: 商务印书馆.

宋玉柱(1981), 「关于时间助词"的"和"来着"」, 『中国语文』 第4期.

孙德金(1999), 「现代汉语"V+DW+的+O"格式的句法语义研究」, 陆俭明主编 『面临新世纪挑战的现代汉语语法研究』, 济南: 山东教育出版社.

唐正大(2005), 「汉语关系从句的类型学研究」, 中国社会科学院研究生院语言学系博士学位论文.

唐正大(2006), 「汉语关系从句的限制性与非限制性解释的规则」, 『语法研究和探索』(十三), 北京: 商务印书馆.

完权(2010), 「语篇中的"参照体－目标"构式」, 『语言教学与研究』 第6期.

完权(2012 a), 「超越区别与描写之争: "的"的认知入场作用」, 『世界汉语教学』 第2期.

完权(2012 b), 「指示词定语漂移的篇章认知因素」, 『当代语言学』 第4期.

完权(2014), 「从"复合词连续统"看'的'的隐现」, 『语法研究和探索』(十七), 北京: 商务印书馆.

完权(2015), 「作为后置介词的"的"」, 『当代语言学』 第1期.

完权(2017), 「"领格表受事"的认知动因」, 『中国语文』 第3期.

王冬梅(2002), 「"N的V"结构中V的性质」, 『语言教学与研究』 第4期.

王冬梅(2009), 「现代汉语结构助词'的'的语法功能」, 中国社会科学院语言研究所五四青年学术演讲.

王冬梅(2010), 「"N的V"构式与谓语动词的选择」, 『海外华文教育』 第2期.

王光全(2003), 「过去完成体标记"的"在对话语体中的使用条件」, 『语言研究』 第4期.

王海峰(2004), 「现代汉语中无标记转指的认知阐释」, 『语言教学与研究』 第1期.

王红生(2016), 「空范畴及汉语'"的"的同一性」, 『西南科技大学学报』(哲学社会科学版)第 2期.

王力(1943), 『中国现代语法』, 北京: 商务印书馆.

王力(1953), 「词和仂语的界限问题」, 『中国语文』 9月号.

王远杰(2008 a), 『定语标记"的"的隐现研究』, 首都师范大学博士学位论文.

王远杰(2008 b), 「再探多项定语"的"的隐现」, 『中国语文』 第3期.

王远杰(2013), 「句法组合松紧和"的"的隐现」, 『汉语学习』 第4期.

吴长安(2006), 「关于"VP的3"的第三种类型」, 『语法研究和探索』(十三), 北京: 商务印书馆.

吴刚(2000), 「汉语"的字词组"的句法研究」, 『现代外语』 第1期.

吴怀成(2008), 「"准定语＋N＋V得R"句式的产生机制」, 『语言科学』 第2期.

吴怀成·沈家煊(2017), 「古汉语"者": 自指和转指如何统一」, 『中国语文』 第3期.

伍雅清·杨彤(2015), 「在分布式形态学框架下的名物化现象再思考」, 『语言科学』 第5期.

肖国政(1986), 「隐蔽性施事定语」, 『语文研究』 第4期.

项梦冰(1991),「论"这本书的出版"中"出版"的词性」,『天津师大学报』第4期.

项梦冰(1994),「自指和转指」,余志鸿主编『现代语言学』,北京: 语文出版社.

邢公畹(1997),「一种似乎要流行开来的可疑句式－－－动宾式动词＋宾语」,『语文建设』第4期.

邢晓宇(2015),『认知入景视角下现代汉语名词的修饰语研究』,西南大学外国语学院博士学位论文.

熊仲儒(2005),「以"的"为核心的DP结构」,『当代语言学』第2期.

熊仲儒(2015),「准领属性主谓谓语句的句法分析」,『汉语学习』第3期.

熊仲儒(2017),「"的"的核心地位及其句法后果」,邓思颖主编『汉语'的'的研究』,北京: 北京大学
　　出版社.

徐阳春(2006),『虚词"的"及其相关问题研究』,北京: 文化艺术出版社, 中国社会科学出版社.

徐阳春(2008),「也谈人称代词做定语时"的"字的隐现」,『中国语文』第1期.

徐阳春(2011),「板块、凸显与"的"字的隐现」,『语言教学与研究』第6期.

徐阳春・钱书新(2005),「试论"的"字语用功能的同一性－－－'的'字逆向凸显的作用」,『世界汉
　　语教学』第3期.

姚振武(1994),「关于自指和转指」,『古汉语研究』第3期.

杨炎华(2014),「"他的老师当得好"的重新审视」,『当代语言学』第4期.

袁毓林(1994),「一价名词的认知研究」,『中国语文』第4期.

袁毓林(1995),「谓词隐含及其句法后果－－－"的"字结构的称代规则和"的"的语法、语义功能」,
　　『中国语文』第4期.

袁毓林(1999),「定语顺序的认知解释及其理论蕴涵」,『中国社会科学』第2期.

袁毓林(2003 a),「从焦点理论看句尾"的"的句法语义功能」,『中国语文』第1期.

袁毓林(2003 b),「句子的焦点结构及其对语义解释的影响」,『当代语言学』第4期.

袁毓林(2010),「汉语不能承受的翻译之轻」,『语言学论丛』(第41辑),北京: 商务印书馆.

詹卫东(1998 a),「"NP"的"VP"偏正结构在组句谋篇中的特点」,『语文研究』第1期.

詹卫东(1998 b),「关于"NP+的+VP"偏正结构」,『汉语学习』第2期.

张伯江(1993),「"N的V"结构的构成」,『中国语文』第4期.

张伯江(1999),「现代汉语的双及物结构式」,『中国语文』第3期.

张伯江(2010),「汉语限定成分的语用属性」,『中国语文』第3期.

张伯江(2013a),『什么是句法学』,上海: 上海外语教育出版社.

张伯江(2013b),「汉语话题结构的根本性」,『"木村英树教授还历纪念"中国语文法论丛』,东京: 白
　　帝社. 又载于张伯江主编『现代汉语语法的功能、语用、认知研究(二)』,北京: 商务印

书馆, 2016年版.

张伯江 (2014),「汉语句法结构的观察角度」,『语法研究和探案』(十七), 北京: 商务印书馆.

张斌(2013),『现代汉语附缀研究』, 上海师范大学博士学位论文.

张国宪(1994),「'的'字的句法语义和语用分析」,『淮北煤师院学报』(社会科学版) 第1期.

张华(2010),「符号入场问题及其哲学意义」,『哲学动态』第1期.

张敏(1996),「认知模型与汉语句法的临摹性质: 由定中之间的'的'说起」, 载于*Advances in New Technology: Proceedings of the International Conference on Chinese Computing' 96*, ISS, NUS, Singapore.

张敏(1998),『认知语言学与汉语名词短语』, 北京: 中国社会科学出版社.

张谊生(2011),「从标记词'的'的隐现与位置看汉语前加词的性质」,『汉语学习』第4期.

张谊生(2012),「现代汉语副词状语的标记选择」,『汉语学报』第4期.

张志公(1991),『张志公文集』(1), 广州: 广东教育出版社.

赵元任(1926),「北平、苏州、常州语助词的研究」,『清华学报』第三卷第二期.

周国光(2005),「对『中心语理论和汉语的DeP』一文的质疑」,『当代语言学』第2期.

周国光(2006),「括号悖论和"的X"的语感」,『当代语言学』第1期.

周韧(2012),「"N的V"结构就是"N的N"结构」,『中国语文』第5期.

周韧(2014),「汉语语法中四音节和双音节的对立」, 中国社会科学院语言研究所语言学沙龙 第308次, 3月20日.

朱德熙(1951 [1999]),「作文指导」,『朱德熙文集』第4卷.

朱德熙(1956),「现代汉语形容词研究」,『语言研究』第1期.

朱德熙(1961a),「关于动词形容词名物化的问题」,『北京大学学报』(人文科学版) 第4期.

朱德熙(1961b),「说"的"」,『中国语文』12月号.

朱德熙(1978),「"的"字结构和判断句」,『中国语文』第 1、2期.

朱德熙(1982),『语法讲义』, 北京: 商务印书馆.

朱德熙(1984),「关于向心结构的定义」,『中国语文』第6期.

朱德熙(1993),「从方言和历史看状态形容词的名词化」,『方言』第2期.

朱庆祥(2017),「也论"应该∅的"句式违实性及其相关问题」, 手稿.

Abney, Steven(1987), *The English Noun Phrase in its Sentential Aspect*, Ph.D. diss., Massachusetts Institute of Technology, Cambridge.

Chao, YuenRen(赵元任)(1968), *A Grammar of Spoken Chinese*. Berkeley: University of California Press.

Chen, Ping(陈平)(1996), Pragmatic interpretations of structural topics and relativization in Chinese. *journal of Pragmatics* 26(3): 389-406.(徐赳赳译,「汉语中结构话题的语用解释和关系化」,『国外语言学』1996年第4期)

Cheng, Lisa(郑礼珊)& Rint Sybesma(1998), *Yi-wantang, yi-getang*: Classifiers and Massifiers. Tsing Hua Journal of Chinese Studies 28: 385-412.

Cheng, Lisa(郑礼珊)& Rint Sybesma(1999), Bare and not-so-bare nouns and the structure of NP. *Linguistic Inquiry* 30(4): 509-542.

Cheng, Lisa(郑礼珊)& RintSybesma(2009), *De* as an Underspecified Classifier: First explorations. *Yuyanxue Luncong*[Essays on Linguistics](『语言学论丛』) 39: 123-156. Beijing: Commercial Press.

Chappell, Hilary& Sandra A. Thompson(1992), The semantics and pragmatics of associative DE in Mandarin discourse. *Cahiers de Linguistique - Asie Orientale* 21(2): 199-229.

Huang,C.-T. James(1982), Logical Relations in Chinese and the Theory of Grammar, Ph.D. diss.,MIT.

Huang,C.-T. James(1982), Verb Movement and Some Syntax-semantics Mismatches in Chinese. 『中国境内语言暨语言学』第2期：587-613.

Huang, C.-T. James, Y-H. Audrey Li, & Yafei Li(2008), *The Syntax of Chinese*. Cambridge: Cambridge University Press.

Huang, Shi-Zhe(黄师哲)(2006), Property theory, adjective, and modification in Chinese. *Journal of East Asian Linguistics* 15(4): 343-369.

Huddleston, Rodney & Geoffrey Pullum(2002), *The Cambridge Grammar of the English Language*. Cambridge: Cambridge University Press.

Johnson, Mark(1987), *The Body in the Mind: The bodily basis of meaning, imagination, and reason*. Chicago & London: The University of Chicago Press.

Lakoff, George(1987), *Women, Fire, and Dangerous Things: What categories reveal about the mind*. Chicago & London: The University of Chicago Press.

Langacker, Ronald(1993), Reference-Point Construction. *Cognitive Linguistics* 4(1): 1-38.

Langacker, Ronald(2008), *Cognitive Grammar: A basic introduction.* NewYork: Oxford University Press.

Larson, Richard(2009), Chinese as a Reverse Ezafe Language. *Yuyanxue Luncong* [Essays on Linguistics](『语言学论丛』) 39: 123-156. Beijing: Commercial Press.

Littlefield, Heather(2006), Syntax and Acquisition in the Prepositional Domain: Evidence from English for fine-grained syntactic categories. Ph.D. diss.,Boston University.

Ning, Chun Yan(宁春岩)(1993), *The Overt Syntax of Relativization and Topicalization in Chinese.* Ph.D. diss. University of California, Irvine.

Ning, Chun Yan(宁春岩)(1995), *De* as a functional head in Chinese. Paper presented at the annual forum of the Linguistic Society of HongKong, HongKong.

Quirk, Randolph et al. (1985), *A Comprehensive Grammar of the English Language.* NewYork: Longman.

Simpson, Andrew(2001), Definiteness Agreement and the Chinese DP. *Language and Linguistics* 2(1): 125-156.

Simpson, Andrew(2002), On the Status of'Modifying' DE and the Structure of the Chinese DP. In Sze-WingTang(邓思颖) and Chen-ShengLiu(刘辰生)(eds.). *On the formal way to Chinese languages,* 260-285. Stanford: CSLI.

Sperber, Dan& Deirdre Wilson(1995), *Relevance: Communication and cognition.* 2nd edition. Oxford: Blackwell. 『关联：交际与认知』, 蒋严译, 北京：中国社会科学出版社.

Sun, Chaofen(2016), Sense, Reference, and Collocation of the Chinese Nominal Continuum: The Use, or Non-use, of 的, *New Horizons in the Study of Chinese: Dialectology, Grammar, and Philology.* T.T. Ng Chinese Language Research Centre, Institute of Chinese Studies, The Chinese University of Hong Kong.

Taylor, John(1994), "Subjective" and "objective" readings of possessor nominals.

Cognitive Linguistics (5)3: 201-242.

Tang, C.-C. J.(湯志真)(1983), *On the Deletion of de in Chinese: Studies in Possessive and Modifying Phrasese*, ms., National Taiwan Normal University, Taipei.

Tang, C.-C. J.(湯志真)(1990), *Chinese Phrase Structure and the Extended X-bar Theory*, Ph.D. diss., Cornell University.

Talmy, Givón(1984), Syntax: A Functional-typological Introduction, Vol. I& II, Amsterdam: John Benjamins.

Tomasello, Michael(2008), *Origins of Human Communication*. Cambridge: MIT Press.

저자 | 완취안 完权

현 중국사회과학원 언어연구소 연구원
중국사회과학원 언어연구소(문학박사)
중국사회과학원 언어연구소 당대언어학연구실 주임
『당대언어학(当代语言学)』 편집위원
인지언어학적 관점에서 중국어 품사론, 화용의 어법화, 언어의 상호작용에 대해 연구하고 있다. 주요 저서로는 『"的"的性质与功能』이 있으며, 『中国语文』, 『世界汉语教学』, 『当代语言学』 등 저명 학술지에 「"领格表受事"的认知动因」, 「言者主语与隐性施行话题」, 「作为后置介词的"的"」 등 30여 편의 논문을 발표하였다.

역자 | 이선희 李善熙

현 계명대학교 인문국제학대학 중국어중국학과 교수
이화여자대학교 중어중문학과 졸업
북경사범대학교 대학원 중어중문학과 석사
중국사회과학원 언어연구소 박사
영국 University of Cambridge 방문학자
중국어 인지언어학, 중국어 통사론, 한중비교언어학에 관심을 가지고 연구하고 있다.
역서로는 『중국어문법 6강(语法六讲)』(2016), 『중국어와 문화 교류(汉语与文化交际)』(2017), 『중국어 문법에 관한 대담(语法答问)』(2018), 『중국어 품사 문제(汉语词类问题)』(2019), 『중국어 품사 분류와 실제(词类辨难)』(2020), 『중국어 운율과 문법(韵律和语法)』(2020), 『주술구조를 넘어서(超越主谓结构)』(2022), 『중국어 '把'자문을 말하다(说"把"字句)』(2022)가 있다.

중국어 '的'와 '的'자 구조 연구 说"的"和"的"字结构

초판 1쇄 인쇄 2023년 6월 12일
초판 1쇄 발행 2023년 6월 22일

저   자   완취안(完权)
역   자   이선희(李善熙)
펴낸이   이대현
편   집   이태곤 권분옥 임애정 강윤경
디자인   안혜진 최선주 이경진
마케팅   박태훈

펴낸곳   도서출판 역락
주   소   서울시 서초구 동광로 46길 6-6 문창빌딩 2층
전   화   02-3409-2058, 2060 / 팩스 02-3409-2059
등   록   1999년 4월 19일 제303-2002-000014호
이메일   youkrack@hanmail.net
홈페이지   www.youkrackbooks.com

ISBN 979-11-6742-591-1 93720